Vom menschlichen Sterben und vom Sinn des Todes

Vom menschlichen Sterben und vom Sinn des Todes

Mit Beiträgen von
Stefan Graf Bethlen, Eugen Biser,
Horst Bürkle, Christa Gebel, Theodor Glaser,
Augustinus Heinrich Graf Henckel-
Donnersmarck, Hans Kuhlendahl,
Max Müller und Christoph von Schönborn

Herausgegeben von
Augustinus H. Graf Henckel-Donnersmarck
und Stefan Graf Bethlen

Herder Freiburg · Basel · Wien

Alle Rechte vorbehalten – Printed in Germany
© Verlag Herder Freiburg im Breisgau 1983
Herstellung: Freiburger Graphische Betriebe 1983
ISBN 3-451-19861-4

Vorwort

Die hier gesammelten Beiträge beabsichtigen einen Komplex von Problemen zu behandeln, dessen einzelne Schichten die Gesellschaft in ihrer Gesamtheit angehen, von denen aber auch jeder Mensch in einer an die Wurzeln seiner Existenz gehenden Weise als Einzelner betroffen ist. Nicht eben selten erheben heutzutage Kritiker den Vorwurf, die Massengesellschaft des postindustriellen Zeitalters verdränge die Wirklichkeit des Todes, weil sie ihm völlig ratlos gegenüberstehe und auf die in ihm implizierte Frage keine Antwort wisse.

Tatsächlich ist nicht zu bestreiten, daß Sterben und Tod mindestens aus dem alltäglichen Erfahrungshorizont weitgehend ausgeklammert werden, wofür der weitverbreitete Jugendkult genauso ein typisches Beispiel ist wie die Tatsache, daß der Mensch in aller Regel in der klinischen Einsamkeit des Krankenhauses stirbt, getrennt von allen Menschen, die sein Leben ausmachten und einen Bestandteil seiner Identität bildeten.

Andererseits ist der Tod fundamentaler Bestandteil menschlicher Existenz und in allen Phasen des Lebens stets gegenwärtig, so daß der Mensch schlichthin nicht ohne den Tod gedacht werden kann. Samuel Beckett definiert diese Wahrheit in dem Wort, das Leben des Menschen sei nichts anderes als der Geburtsschrei des Neugeborenen über dem offenen Grab. Die Richtigkeit dieser These unterstellt, ginge dann aber von der Verdrängung des Todes eine unmittelbare Bedrohung der Gesellschaft aus. Eine an die Fundamente rührende Verkürzung des Menschenbildes muß mit innerer Notwendigkeit zu schweren Störungen gesellschaftlichen und individuellen Äquilibriums führen.

Es schien uns der Mühe wert, die einzelnen Schichten der sehr komplexen Todesproblematik zu untersuchen, um von einer solchen Rückbesinnung auf „des Sterbens bittere Notwendigkeit" einen neuen Zugang zur Summe des Lebens zu finden, aus der allein ein menschenwürdiger Weg zur Bereitschaft, das eigene Schicksal anzunehmen, gefunden werden kann.

Augustinus H. Graf Henckel-Donnersmarck

Stefan Graf Bethlen

Inhalt

Vorwort 5

Tod – Verhängnis oder Perspektive? 9
von Augustinus H. Graf Henckel-Donnersmarck

Biologische, physiologische und psychologisch-ärztliche Aspekte von Sterben und Tod 37
von Hans Kuhlendahl

Todeserfahrung und Todesbewältigung in anderen Religionen als Frage an die Christen 69
von Horst Bürkle

Über den Tod und die Stätten der Toten 83
von Max Müller

Sterben und Tod als soziales Problem und als mitmenschliche Aufgabe 99
von Christa Gebel

Religiöses Todesverständnis 117
von Eugen Biser

Hoffnung über den Tod hinaus – Einübung des Lebens 133
von Christoph von Schönborn O. P.

Sterben als die letzte Chance des Lebens 149
von Theodor Glaser

Der Tod als Grenzsituation in Existenzphilosophie
und Existentialismus 165
von Stefan Graf Bethlen

Literaturhinweise 187

Die Autoren 189

Tod – Verhängnis oder Perspektive?

Von Augustinus Heinrich Graf Henckel-Donnersmarck

Die aufmerksame Beobachtung unserer Zeit und dessen, was die Gesellschaft, was die Öffentlichkeit, was die Menschen unserer Tage, mit dem Tod anzufangen wissen oder nicht mit ihm anzufangen wissen, zeigt, daß es so etwas wie eine Verdrängung des Bewußtseins von Tod und Sterben in unserer Gesellschaft gibt. So ist unübersehbar, daß – zumindest in vielen Bereichen unseres sozialen Lebens – Tod, Krankheit, die zum Tode führt, Siechtum, das Sterben selbst so sehr tabuisiert sind, daß es als unangenehm empfunden wird, wenn über den Tod in einer den Gesprächspartner persönlich betreffenden Weise geredet wird.

Diese Erkenntnis trat bei mir in einen bestimmten Erfahrungshorizont. Ich war acht Jahre in einer großstädtischen Pfarrei im Ruhrgebiet Seelsorger. Wer die sozialen Strukturen des Ruhrgebietes etwas kennt, der weiß auch, daß ein gut Teil der Krankenhäuser in jenen Gegenden Deutschlands, in Nordrhein-Westfalen, in kirchlicher Trägerschaft sind. Ich war als Kaplan nicht nur in der aktiven Seelsorge in der Gemeinde tätig, sondern gleichzeitig aushilfsweise am größten in kirchlicher Trägerschaft befindlichen Krankenhaus Nordrhein-Westfalens als Krankenhausseelsorger, und dies besonders in Notfällen. Ich habe dort das Glück gehabt, vielen Menschen beim Sterben beistehen zu dürfen und doch auch gleichzeitig die Erfahrung machen müssen, daß ich zumindest als junger Priester vollkommen unvorbereitet an diese Aufgabe herangehen mußte; zwar durchaus in meinem Verständnis des Sterbens geprägt von eigenen, sehr nahen Erfahrungen mit dem Tod anderer, aber eben doch eigentlich nicht unterwiesen in der Kunst, wie man mit einem Sterbenden umzugehen hat und wie man dem Tod, wenn er hereinbricht als schicksalsmächtiges Verhängnis, dem Tod eines anderen, als Seelsorger, als Priester, aber vor allem auch als Mensch begegnen soll. Gleichzeitig verdanke ich diesen Jahren aktiver Seelsorge die Erkenntnis, daß in unserer Gesellschaft der Tod weitgehend in die öffentlichen Krankenanstalten verlegt worden ist, nicht mehr im Erfahrungshorizont von Familie, von Jungen und Alten, Kleinen und Großen stattfindet, sondern daß der auf den Tod Erkrankte oder der Verunglückte der Maschinerie des Gesundheitswesens überantwortet wird und daß man, wenn man den Tod nicht verhindern konnte, nur mehr den Leichnam zur feierlichen Bestattung entgegennimmt. Anderes aus meiner Jugend gewohnt, hat mich dies, ich will nicht sagen verstört, aber doch zumindest nachdenklich gemacht.

Die Befassung mit dem Tod hat auch eine politische, besser gesellschaftspolitische Dimension. Wenn Politik mit dem Menschen zu tun hat, wenn die Gesellschaft den immer wieder erneuten Appell zur Humanität als ihre ureigenste Sache betrachtet, dann kann man vom Menschen und von der Gesellschaft nicht reden, ohne auch vom Tod des Menschen zu sprechen, weil er nun einmal unabdingbar und unausweichlich in die Lebenserfahrung des Menschen hineingehört. Dies gilt nicht nur vom letztendlich alles bedrohenden eigenen Tod, sondern auch von der Erfahrung des Todes, wenn es sich um den Tod von anderen Menschen handelt, solchen, die uns nahestehen, solchen, die in unserem Leben in irgendeinem Sinn Bedeutung und Gewicht gewonnen haben, aber schließlich auch vom Tod des Menschen, den wir nicht kennen, der uns nichts oder nur weniges bedeutet: selbst dieser Tod geht an uns nicht spurlos vorüber. Von dieser Bedrohlichkeit des Todes aus läßt sich auch ein Einblick gewinnen, warum der Mensch unserer Tage, vielleicht mehr als zu anderen Zeiten, versucht, den Tod zu verdrängen.

Zunächst werde ich dieses Thema nicht unter einem theologischen Gesichtspunkt behandeln. Ein mehr peripherer Grund dafür ist, daß man in unserer Gesellschaft nicht damit rechnen kann, ja nicht einmal damit rechnen darf, daß Antworten des christlichen Glaubens für jedermann gültige Antworten seien. Es besteht, im Gegenteil, eher der nicht unbegründete Verdacht, daß für viele Menschen, aus was für Gründen auch immer, die Antworten des christlichen Glaubens eben ganz präzise keine Antworten mehr sind, sondern allenfalls ein kultisch rituelles Plazebo, das aber das eigentliche Problem nicht nur nicht wegzunehmen vermag, sondern es eigentlich auch weder erläutern noch erklären und damit leichter machen könnte. Wenn man also in der Gesellschaft unseres Landes über das Thema Tod reden will, wäre es zu einfach, die Diskussion schon von vornherein dadurch zu beenden, daß man den Tod als eine religiöse Gegebenheit betrachtet und von dort her dann Antworten gibt, die für viele Menschen unserer Zeit eben keine Antworten wären oder sind.

Es gibt aber auch einen tieferen Grund für meine Überzeugung, daß eine theologische Antwort nicht von vornherein eine mögliche Antwort ist. Ich glaube, daß, ehe man eine Antwort aus dem Glauben geben kann, erklärt werden muß, warum diese Antwort eine Antwort sein könnte.

Was der christliche Glaube über Tod und Auferstehung zu sagen hat, die im christlichen Glauben ja zusammengehören, ist eben schon eine Antwort, aber eine Antwort, die ganz bestimmte Voraussetzungen hat, nämlich einen entschiedenen Glauben mit allen seinen Konsequenzen. Viele Zeitgenossen suchen aber ohne diese Voraussetzungen eine Antwort auf eine sehr existenzielle Frage, oder besser: für eine sehr existenzielle Not, für die Not nämlich, sterben zu müssen, eine Antwort auf die Frage: Was bedeutet der Tod eigentlich für mich? Wer die Frage so stellt, sucht nach einer Antwort. Es will mir darum scheinen, daß die Verdrängung oder Tabuisierung des Todes in unserer Gesellschaft, erst einmal – noch vor allen Antworten – notwendig macht, der Frage nachzugehen, was Tod eigentlich bedeutet, in welcher Gestalt er uns gegenübertritt, und was die Begegnung mit dem Tode in unserem Leben zu bewirken vermag, positiv oder negativ. Es scheint mir vonnöten zu sein, nicht vorschnell mit Antworten zu kommen, die möglicherweise zunächst gar keine akzeptablen Antworten sind, sondern zu versuchen, den Problemstand einzugrenzen, um dann von dort aus Antworten zu hören, die gegeben werden können, gar nicht notwendigerweise nur von Christen, und zu fragen, welche denn für das Leben des Menschen am meisten herzugeben im Stande ist.

Das Thema, der Tod als letzte Wirklichkeit unseres Lebens, scheint mir, sollte unter fünf Gesichtspunkten abgehandelt werden:
1. Der Tod als individuelle Wirklichkeit, als Wirklichkeit des einzelnen.
2. Der Tod als existenzielle Wirklichkeit des Menschen schlechthin.
3. Der Tod als Kraft in der Gesellschaft.
4. Der Tod in den zwischenmenschlichen Beziehungen.
5. Der Tod aus christlicher Sicht.

Der Tod als individuelle Wirklichkeit, als Wirklichkeit des einzelnen

Der Tod wirft ja nicht nur die Frage auf, was der Sinn unseres Lebens sei, sondern er ist zunächst schon allein deswegen schrecklich, weil er uns buchstäblich jeden Augenblick unseres Lebens betreffen kann. Nicht nur die Schriften des Alten und des Neuen Testaments, sondern alle großen Urkunden menschlicher Religiosität, menschlicher Kultur, sprechen immer wieder von dem Verhängnis des Todes, das über Nacht über uns hereinbrechen kann: heute lebst du noch, schon morgen kannst du tot sein!

Diese „ungewisse Gewißheit" ist, wenn wir ihr in des Wortes eigentlicher Bedeutung nachdenken, durchaus geeignet, uns auf das tiefste zu beunruhigen, weil wir den Tod als die Bedrohung durch das Nichts fürchten, weil wir nicht wissen, was im Tod mit unserem Leben geschehen wird, weil wir nicht wissen, was die Summe unseres Lebens ergeben wird, und weil wir gegenüber dem Tod und seiner bitteren Notwendigkeit, sterben zu müssen, stets die Frage haben, ob wir denn eigentlich die Akten unseres Lebens zu schließen im Stande, und, was hier vielleicht noch mehr ist, willens seien. Der Tod bedroht uns als einzelne durch seine Unvorhersehbarkeit, aber die Unvorhersehbarkeit ist keine Bedrohung in sich allein, sondern sie gewinnt die wahre Dimension des Schreckens dadurch, daß die Wirklichkeit des Todes unser ganzes Leben in der denkbar radikalsten Weise in Frage stellt. André Malraux hat dies einmal in die Worte gegossen: „Sie kennen den Satz: ,Neun Monate sind nötig, um einen Menschen zu schaffen; aber ein einziger Tag genügt, ihn zu töten.'... Nicht neun Monate, sondern fünfzig Jahre sind erforderlich, um einen Menschen zu schaffen: fünfzig Jahre an Opfern, an Wollen, ach ... an so vielen Dingen! Und wenn dieser Mensch dann erschaffen ist, wenn nichts von Kindlichkeit, nichts von Jugendlichkeit ihm mehr innewohnt, wenn er endlich ein fertiger Mensch geworden ist, dann – taugt er nur noch zum Sterben." (André Malraux: [So lebt der Mensch], Conditio Humana, ²1977)

Ich habe es oft genug erleben müssen: Wenn ein Mensch im Krankenhaus stirbt, ist das, was von seinem Leben bleibt, meistens in einer Plastiktasche davonzutragen – ein paar persönliche Überbleibsel, eine Uhr, ein kleines Radio, ein Buch, nicht viel. Das Leben des Menschen war ja vorher schon eingeengt, aber was am Ende bleibt, kann immer noch klassisch gefaßt werden in den Satz, den man auf so vielen römischen Grabmälern findet: pulvis – cinis – nihil: Staub – Asche – Nichts, nichts weiter, mindestens. In der Hohen Domkirche zu Paderborn steht ein schönes Grabmal von einem der geschichtlich bedeutendsten Bischöfe des damaligen Bistums Paderborn, Dietrich von Fürstenberg. Er ließ sein Grabmal schon zu seinen Lebzeiten errichten. Auf vielen sehr hübschen, steinernen Vignetten sieht man die Bauwerke, die er errichtet hat; in Schrifttafeln ist gekündet von dem, was er geleistet hat, aber wenn man in der Mitte vor dem Grabmal steht, dann ist zu seinen Füßen eine Inschrift, die sich zu lesen und zu bedenken lohnt: „Sicher ist dir der Tod, unsicher ist die Stunde und die Sorge der Nachwelt: daher, wenn du es richtig verstehst, baue dein Grabmal selber." Es bleibt wenig vom Menschen. Es bleibt wenig, und nicht nur Tolstoi hat es in jener Legende gewußt, in der berichtet wird von dem Mann, der von Gott die Erlaubnis bekommt, zurückzukehren auf die Erde, weil er das Elend seiner Witwe und seiner unmündigen Kinder vom Himmel aus nicht mit ansehen mag. Weil Gott gut ist, gab er ihm auch die Erlaubnis zurückzukehren in die Ewigkeit. Am Tag nach seinem Tod erschien er und hatte keinen Platz mehr unter den Lebenden. Er mußte feststellen, daß das Leben um uneinholbare 24 Stunden weitergerückt war. Freiwillig kehrte er in den Tod zurück.

Es ist so: die Nachwelt mag einem bedeutenden Menschen oder einem, den sie für bedeutend gehalten hat, ein Denkmal setzen: dem, der stirbt, hilft dieses Denkmal nicht über den Tod. Es mag durchaus sein, daß ein Mensch Geschichte bewegt und in dieser Bewegung Bleibendes schafft: ihm selber hilft es nicht. Er wird, so sinnvoll das auch alles sein mag, was er getan hat, bedroht durch die Wirklichkeit des Todes, denn dem Sterbenden geht nicht nur die „Bewegungsfähigkeit" verloren, sondern sein eigenes Leben kommt ihm abhanden. Der christliche Glaube sieht das anders, aber gerade weil der christliche Glaube eine Antwort gibt auf dieses Problem, gerade darum müssen wir, wenn wir nicht vorschnell aus dem Glauben argumentieren wollen, nüchtern zugestehen, daß von dieser Seite des Lebens her der Tod wahrhaft letzte Wirklichkeit ist. In ihn mündet alles ein, gleichgültig, ob es mir gelungen ist, die Entwürfe meines Lebens zu vollenden oder ob ich am Leben gescheitert bin, gleichgültig, ob ich im Leben vermochte, anderen zu helfen, oder ob ich einer war, der stets nur auf andere angewiesen war und von anderen lebte. Der Tod ist mein ganz persönlicher Weltuntergang, und es ist nicht umsonst die christliche Verkündigung, die, wo sie bei sich selber bleibt, dies auch immer gewußt hat und davon spricht, daß der Glaube an die Auferstehung eine Hoffnung sei, keine Sicherheit im Sinne irdischer Sicherheit: eine Hoffnung, die aber, sozusagen, erst hinter dem Tode einsetzt.

Wenn ich diese düstere Betrachtung nun in das Positive wende und frage: Was bedeutet dies für mich? dann muß man, meine ich, an erster Stelle sagen: Es bedeutet für mich, daß alles in meinem Leben immer nur auf Vorläufigkeit angelegt ist, niemals auf Dauer. Wenn der Mensch keine bleibende Stätte in seinem Leben hat, sondern irgendwann, eines ungewissen Tages, davon muß, dann ist auch alles, was er in seinem Leben zu schaffen vermag, vorläufig. Wiederum mag uns ein altes lateinisches Wort helfen, das Problem zu begreifen. Nicht „vita perennius" haben die Lateiner gesagt, sondern „aere perennius". Nicht das Leben ist der Inbegriff der Dauer, der von einer transzendenten Dauer übersteigert werden kann, sondern das Erz. Die Welt dreht sich weiter, auch wenn der Gerechte und der Ungerechte sie verlassen. Alles in meinem Leben ist vorläufig. Ich kann den Augenblick nicht halten, ich vermag nicht in Gegenwart zu leben. Ich lebe in einer Existenz, in der meine Zukunft mit einem höchst gewissen Ausgang, mit dem Ausgang des Todes, ständig umbricht in Vergangenheit. Noch während ich rede, ist das, was ich eben noch sprach, schon Vergangenheit, und das, was ich gleich noch sagen werde, noch Zukunft. Wir leben, weil wir anders vermutlich nicht zu leben vermöchten, in einer Fiktion von Gegenwart, die so in der Realität nicht gedeckt ist. Vorläufig ist alles. Noch meine größten Werke, wenn es mir gelungen sein sollte, solche, auch im Urteil anderer Menschen, zu schaffen, haben für mich keinen bleibenden Wert.

Man muß lernen, damit zu leben. Denn nur wenn ich lerne, damit zu leben, daß alles vorläufig ist, mag dann die Düsterkeit des Todes sich letztlich freisetzen in jene heitere Gelassenheit, die eigentlich nichts mehr erschrecken kann, weil sie darum weiß, daß alles unvollendet bleiben muß und daß hinter dem Ende immer noch ein Stück möglicher Vollkommenheit gelegen hätte, wäre das Ende noch nicht über mich hereingebrochen. Nur wer um die Vorläufigkeit weiß, ist der Gefahr enthoben, von einem ewig pubertierenden Jüngling zu einem würdelosen Greis zu werden, weil nur er Abschied zu nehmen vermag von dem, was er nicht halten kann, weil nur er im Stande ist, zu dem ja zu sagen, was hinter der nächsten Biegung seines Lebensschicksals auf ihn wartet. Letztlich trifft uns das alle immer wieder, und schon in den Abschieden, die wenigstens in der chronologischen Reihenfolge unseres Lebens viel früher liegen als unser Tod, ist die Frage nach der Würde nur zu lösen, wenn wir bereit sind, die Vorläufigkeit unseres Lebens ernstzunehmen.

Der Tod als existenzielle Wirklichkeit des Menschen schlechthin

Wenn man über die existenzielle Wirklichkeit des Todes für das allgemein Menschliche spricht, dann bedeutet dies ja in der konkreten Gestaltung unserer menschlichen Existenz, daß alles Menschenwerk, auch das Menschenwerk der Kultur und der Zivilisation, in dem wir heimisch geworden sind, in dem wir Wurzeln geschlagen haben, letztlich nicht von Dauer sein kann. Zwar werden sich jene Fragen und Antworten, die den Menschen ganz ernst nehmen und die die menschliche Existenz als Grundlage und als Zielpunkt im Auge haben, durchhalten, solange es Menschen gibt. Tatsächlich sind ja auch die großen philosophischen Fragen seit eh und je immer wieder zurückgekehrt. Es läßt sich letztlich nicht philosophieren, nicht denken, nicht vom Menschen reden, ohne die ganze Existenzialität des Menschen im Auge zu behalten. Aber alle historisch flüchtige Gestalt bleibt nicht. Sie zerfällt, und es mag durchaus sein, daß sie oft schneller zerfällt als wir glauben oder als es uns lieb wäre. Es ist also nicht nur das Werk des einzelnen Menschen dem Untergang anheim gegeben, sondern auch die menschliche Geschichte, ja die menschliche Existenz schlechthin ist dem Gesetz des Sterbens unterworfen.

Wir sagen heute so leicht hin, daß dem Menschen unserer Tage der Zusammenhang des Todes abhanden gekommen sei, weil er nicht mehr wie die bäuerlichen Menschen einer früheren historischen Epoche unserer Kultur im unmittelbaren Zusammenhang mit dem jährlich wiederkehrenden Prozeß des Geborenwerdens und Sterbens stehe. Es sei dem Menschen nicht mehr vergönnt, aus eigener Anschauung die Prozeßhaftigkeit von Aussaat, Wachstum, Ernte und Verfall ad oculos demonstriert zu bekommen. Ich weiß nicht, ob diese These wahr ist.

Ich melde an ihr Zweifel an, denn wenn zur herbstlichen Zeit das Laub von den Bäumen fällt und die Natur sich, wie wir sagen, schlafen legt, dann wissen wir alle, daß sie, wenn nicht eine Katastrophe globalen Ausmaßes über uns hereinbrechen sollte, nach spätestens sechs Monaten wieder in alter Pracht vor unserem Auge stehen wird. Ich bezweifle, daß der Gedanke an den Kreislauf der Natur uns wirklich eine Hilfe bedeutet, den Ernst des Todes zu erfassen. Der wesentliche Unterschied besteht ja gerade darin, daß die Natur sich immer wieder reproduziert, trotz der Vielfalt ihrer Individualitäten, während der Mensch und seine Geschichte niemals reproduzierbar sind. Es gibt ein bedeutendes Beispiel aus der abendländischen Kultur, an dem man die Fragestellung sehr schön deutlich machen kann. Wer jemals mit Aufmerksamkeit die *Divina Commedia* Dantes gelesen hat, wird sich unausweichlich die Frage vorlegen, ob ein Mensch, der dieses geschrieben hat, danach noch derselbe sein konnte, der er vorher gewesen war. Wer sich so mit der Wirklichkeit des Ausscheidens aus der Umwelt des Menschen auseinandersetzt, wie dies Dante in den Gesängen der *Divina Commedia* getan hat, der wird dem Leben anders gegenübertreten. Es ist daher sicher nicht von ungefähr, daß wir zu allen Zeiten der menschlichen Kultur immer wieder das Phänomen beobachten können, daß eine Gesellschaft voller Lebensbejahung stets ihre Aussteiger in Richtung auf Untergang und Tod gekannt hat. Die einen, indem sie sich zu mehr oder minder ernstzunehmenden und doch gleichzeitig billigen Unheilspropheten hochstilisierten, die anderen, indem sie sich im berühmten „taedium vitae", im Ekel vor dem Leben, abwenden von dieser Welt, die vergänglich und flüchtig ist.

Das Existenzial des Menschen ist gebrochen durch den Tod. Samuel Beckett hat es, unnachahmlich den Geist und das Selbstverständnis unserer Zeit einfangend, formuliert in dem Satz: „Was ist das Leben des Menschen anders als der Schrei des Neugeborenen über dem schon geöffneten Grab?" Alles menschliche Leben spielt sich in dieser Dimension ab. Es ist nicht von ungefähr, daß wir uns manchmal, wenn wir einem neugeborenen Kind begegnen, die Frage vorlegen, wie viele Brüche in diesem Leben sein werden und wann es denn endgültig in das große Dunkel des Scheiterns im Tod einmünden wird. Es gehört zur conditio humana, zur Grundbedingung allen menschlichen Daseins, daß der Tod mitten im Leben schon da ist. Es mag durchaus sein, daß dieser immer wieder geschehende Umbruch in den Tod hinein viel weniger seinen Ausdruck findet in Beschwörungen des Todes, die den Tod dann auch noch in die Heiterkeit der Lebensfreude hineinzunehmen wissen, als vielmehr in der letztendlich bitteren Erkenntnis, daß es keine Freude gibt, in der nicht auch schon die Trauer anwesend wäre, kein Stückchen Leben, in dem nicht auch schon der Tod da wäre. Woher vermag es der Mensch dann, das Leben dennoch auszuhalten?

Hier scheint mir einer jener Übergänge zu sein, aus denen man etwas für die gesellschaftliche Bedeutung des Wissens um den Tod gewinnen kann. Die gängige Antwort darauf ist, daß der Mensch mit einem perfekten Verdrängungsmechanismus lebe und die Wirklichkeit des Todes eben nicht zur Kenntnis nehmen wolle. So kann man es heute allerorten hören, und daß diese Verkürzung des menschlichen Lebens auf „nur leben" auch notwendig sei, weil man sonst ja das Leben gar nicht aushalten könne. Hier möchte ich aus der Geschichte ein fundamentales Bedenken anmelden. Die größten Kulturen, die die bedeutendsten Werke geschaffen haben, waren Kulturen, die den Tod nicht ausgeklammert haben. Man muß nicht nach Ägypten reisen, um den Totenkult der Ägypter als das eigentliche, kernhafte Zeugnis ihres Lebensverständnisses begreifen zu lernen. Es genügt, die Füße oder heutzutage die Autoreifen des Wanderers in den oberbayerischen und oberschwäbischen Pfaffenwinkel zu richten und dort die Bauwerke des glühenden, lebenssprühenden bayerischen Barock und Rokoko zu betrachten, um zu wissen, daß unter vielerlei Gestalt stets der Tod und das Zerbrechen des Menschen anwesend war und ist. Das für mich kostbarste Denkmal dieser Wahrheit, die Wieskirche, ist nicht umsonst eine Wallfahrt zum gegeißelten Heiland. In der Mitte dieses Jubels steht der zerbrochene Mann der Schmerzen, an dem, um mit dem Propheten Jesaias zu sprechen, keine menschliche Gestalt mehr ist, der geworden ist wie ein Wurm, zertreten, zerstört. Gewiß ist ein Bauwerk wie die Wieskirche nur zu erklären und zu begreifen, wenn man weiß, daß die Menschen, die dieses Haus gebaut haben, in diesem Schmerzensmann die Hoffnung sahen, daß ihnen genau dieses Widerfahrnis erspart bleiben würde, letztendlich. Aber das ist eben nicht die ganze Wahrheit. Die ganze Wahrheit ist, daß die Epochen unserer Kulturen, die sich zu größter Schönheit entfaltet haben, immer die Epochen waren, die den Tod als zur menschlichen Existenz dazugehörig verstanden und akzeptiert haben.

Nicht nur im Krönungsritus des Papstes zu Rom wird etwas Werg verbrannt, dreimal, mit den Worten: „Heiliger Vater, so vergeht die Herrlichkeit der Welt!", sondern auch die Söhne des Himmels, die Kaiser des alten China, mußten bei ihrer Krönungsfeierlichkeit von einem goldenen Tablett, auf dem zwölf kleine geschliffene Marmorsteine lagen, den Marmor für ihren nachmaligen Sarkophag auswählen, nicht nur, weil sie sich begriffen haben als sterbliche Menschen, denn der Sohn des Himmels war ja im Grunde unsterblich, sondern vielmehr deswegen, weil der Mensch erkennen muß, daß der Tod zu seiner Wirklichkeit dazugehört, daß er, solange er sich in diesem Leben befindet, nichts letztlich sein eigen nennt, sondern immer nur Verwalter ist.

Nicht Eigentümer, sondern bestenfalls Besitzer, Inhaber, einer, der das, was ihm gegeben ist, nicht als sein Eigentum, nicht als seinen Raub, als seine Beute betrachten darf, sondern als etwas, was ihm gegeben ist, damit er es recht verwalte. Der Satz des deutschen Dichters: „Was du ererbt von deinen Vätern, erwirb es, um es zu besitzen!" hat ja zur Voraussetzung, daß die Väter etwas hinterlassen haben, was zu erben und in Besitz zu nehmen war. Die Implikationen für unsere Zeit liegen auf der Hand. Vielleicht täten wir uns mit im Angesicht des Todes so banalen, aber doch wichtigen Dingen, wie der Umweltkrise und den Gefahren, in denen sich unser ökologisches System befindet, leichter, wenn wir begreifen wollten, daß nichts von dem, was unsere Welt ausmacht, uns gehört, sondern daß es zum Wesen des Menschen in seiner Vorläufigkeit, in seiner zeitlichen Beschränktheit gehört, diese Dinge nicht zu verbrauchen, sondern sie zu gebrauchen, die Welt nicht zu zerstören, sondern sie möglichst intakt und heil zu erhalten für andere, für den ganz anderen.

Dafür werden wir in einer Zeit wie der unseren notwendigerweise nach anderen Mitteln, nach anderen Methoden suchen müssen, als dies zu anderen Zeiten der Fall war. Aber eines wird festzuhalten sein: Die innere Einsicht in die Notwendigkeit, zu erhalten und weiterzugeben, also Leben zu hüten, ist eigentlich nur möglich, wenn man weiß, daß der Tod immer schon gegenwärtig ist und nichts von dem, was wir innehaben, uns in des Wortes eigentlicher Bedeutung auch wirklich gehört. Vielleicht ließen sich nicht nur die hausgemachten Krisen unserer Gesellschaft besser bewältigen, sondern auch das Problem, das heute gekennzeichnet wird mit den Begriffen der nördlichen und der südlichen Welt, der ersten, zweiten, dritten und vierten Welt. Vielleicht wäre auch dieses Problem besser, grundsätzlicher in den Griff zu bekommen, wenn wir uns dazu bequemen wollten, zu erkennen, daß das, was wir mit vollen Händen zum Fenster hinauswerfen, nicht uns gehört, sondern uns nur gegeben ist auf Zeit.

Ohne die Verdienste der großen kirchlichen Werke, „Brot für die Welt" auf der evangelischen, „Misereor" und „Adveniat" auf der katholischen Seite, schmälern zu wollen, bedrängt mich doch die Frage, ob die Formel „Persönlicher Verzicht, persönliches Opfer, um anderen helfen zu können" nicht zu kurzschlüssig ist. Man wird nämlich nicht bestreiten können, daß die Notwendigkeit zu Verzicht, Askese und Opfer auch dann noch bestehen würde, wenn wir in einer Welt lebten, in der niemand Not litte. Wenn dies bestritten werden sollte, verriete die Aufforderung, durch persönlichen Verzicht die Not in der Welt zu ändern, das Streben nach einer vom Menschen gemachten heilen Welt. Tatsächlich heißt die traditionelle christliche Formel auch „Fasten *und* Almosen geben" und nicht „Fasten, um Almosen geben zu können". Ein heute durch

Nichtverwendung abgeschaffter Ausdruck christlicher Tradition nannte daher Askese auch folgerichtig „Abtötung" oder, noch genauer „mortificatio", weil Askese als Einübung des Sterbens verstanden wurde. Sterben als Abschied begriffen, als Schlüssel zum Verständnis der Vorläufigkeit menschlicher Existenz, bedarf eben der Einübung des freiwilligen „Lassen-könnens", damit wir im Ernstfall auch uns selber lassen können. Es ist festzuhalten, daß auch und gerade die Fähigkeit, mit anderen zu teilen, mindestens insofern sie das „vom Eigenen lassen können" zur Voraussetzung hat, das Bewußtsein von der durch den Tod bedingten existentiellen Vorläufigkeit braucht, um nicht in eine Mitleidsethik abzusinken, die als Impuls meist nicht lange genug vorzuhalten vermag, wirklichen Verzicht und das Bewußtsein, alles sei nur gegeben auf Zeit, im Menschen wach zu halten.

Der Tod als Kraft in der Gesellschaft

Mir scheint, daß in unserer Gesellschaft das mangelnde Bewußtsein von der Unausweichlichkeit des Todes, den Glauben an die Machbarkeit aller Dinge ständig potenziert, denn wer sich nie bedroht weiß, kommt fast von selber in die Versuchung zu glauben, er könne alles machen und es sei nichts, was sich ihm entziehe. Der Mensch stellt Forderungen, die unerfüllbar sind und die anderen in ihrer Möglichkeit zu leben auf das Schwerste bedrücken können, wenn er glaubt, daß alles machbar sei. Man muß in der Geschichte unseres Landes nicht weit zurückgehen, um zu wissen, daß der Glaube an eine machbare Welt entsetzliche Blüten des Todes treiben kann, die dann im Mord von vielen Millionen ihr schreckliches Ende finden. Die Utopien, die eine vom Tod befreite Welt versprechen, sie waren es in der Geschichte noch immer, die den höchsten Zoll an Blut und menschlichem Leben verlangt haben. Es ist für mich eine der grausamsten Erfahrungen unserer Zeit, daß wir offenbar mit dieser geschichtlichen Wirklichkeit nur schwer zu leben im Stande sind. Zwar streuen wir Asche auf unser Haupt, wenigstens verbal, zwar sagen wir, es sei schrecklich, was in unserem Namen gesündigt worden ist, und man hält uns gelegentlich auch vor, daß diese Schuld von unserem Volk nicht zu sühnen sein werde, aber mir scheint, daß das eigentliche Problem woanders liege, daß wir nämlich die Wurzel, aus der dies alles kam, nicht erkennen wollen, die mörderische Utopie von einer todesfreien Welt, die Utopie, in der der einzelne nichts gilt, das Kollektiv, gleichgültig, ob es nun als Volksgemeinschaft, als Rassengemeinschaft oder sonst wie bezeichnet wird, aber alles, wo derjenige, der dieser Utopie nicht passend gemacht werden kann, eliminiert werden muß. Schon das klassische Griechentum hat darum gewußt und dies in der Legende, im Mythos von Prokrustes und seinem Bett, überzeugend dargetan. Nur dort, wo man weiß, daß die Unangepaßten genauso wie die Angepaßten dem Gesetz des Unterganges anheim gegeben sind, nur, wo man weiß, daß auch der Konkurs, das Zusammenlaufen, das Zusammenwirken aller, der ganzen menschlichen Gesellschaft den Tod nicht aufheben kann, nur dort bekommt eine Gesellschaft den langen Atem, der es ihr ermöglicht, mit ihren eigenen Unzulänglichkeiten zu leben. Machbarkeitsglaube und Jugendwahn sind zwei Facetten ein und derselben Todesvergessenheit.

Man wird in diesem Zusammenhang auch die Frage stellen müssen, ob nicht die eigentliche Wurzel der Unruhe, die heute unser, und nicht nur unser, Land befallen hat, viel weniger ihre Ursache darin habe, daß es einige hundert reisende Antreiber, Führer und Verführer gibt, die heute in Zürich und morgen in Berlin auftreten, und übermorgen ich weiß nicht wo, sondern ob nicht vielmehr darin, daß wir unserer jungen Generation beizubringen versäumt haben, mit den Unvollkommenheiten, die alle Ausfluß des Todes sind, zu leben, beizubringen, daß man nur mit ihnen leben kann, und daß der alte Satz des Vergil: „sunt lacrimae rerum", daß die Dinge ihre eigenen Tränen haben, eine Gesellschaft überhaupt erst freisetzt, wenn sie diesen Satz zu ihrer Sache gemacht hat, zu lachen und heiter zu sein.

Der Tod in den zwischenmenschlichen Beziehungen

Der Tod als letzte Wirklichkeit auch noch in den zwischenmenschlichen Beziehungen. Nicht nur, daß er den Vater erschlägt und die Witwe mit den unversorgten Kindern alleine läßt, nicht nur, daß er selbst heute noch durch den blitzschnellen Überfall, etwa bei einem Unfall oder einer Katastrophe, Menschen auslöscht, die man noch gebraucht hätte, nicht nur, daß wir oft mit dem Tod hadern oder mit Gott, dem wir ihn zuschreiben, weil wir nicht zu begreifen vermögen, warum gerade dieser Mensch gehen mußte, der doch in meinem Leben so viel bedeutet hat, nein, in der zwischenmenschlichen Beziehung selbst liegt immer auch ein Stück Sterben. Wiederum die Römer, die sehr viel vom Tod verstanden haben, haben gesagt, „Idem velle, idem nolle: haec est vera amicitia": das ist die wahre Freundschaft: das Gleiche wollen und das Gleiche nicht wollen. Jeder, der sich an welcher Gestalt zwischenmenschlicher Beziehungen auch immer versucht hat, weiß, daß letztlich zwischenmenschliche Gemeinschaft immer bedeutet, stückweise auf sich selbst zu verzichten, eben keinen Kompromiß zu suchen, der eine mehr oder minder geleckte Formel findet, in der Gemeinschaftlichkeit möglich ist, sondern vielmehr die Bereitschaft aufzubringen, von sich selbst Abschied zu nehmen, wenigstens stückweise, und so ein Stück des eigenen Sterbens schon in die Gegenwart zu transponieren unter dem Vorzeichen menschlicher Liebe, Hingabefähigkeit, Bereitschaft, den anderen anzunehmen und ihn zu tragen. Dies sind alles Stichworte, die immer wiederkehren in den Diskussionen unserer Zeit, obgleich man manchmal nicht so recht weiß, ob sie nicht eigentlich weniger die Bekundung des eigenen Willens sind als vielmehr eine Forderung an den anderen; er solle sich zurücknehmen, er solle auf sich selber verzichten, damit ich lebe. Gabriel Marcel hat den unsterblichen Satz geprägt: „Liebe, das heißt zum anderen sagen: ich will, daß du nicht untergehst." Manchmal mag man heute den Eindruck haben, daß die Menschen sagen: Geh du ruhig ein Stückchen unter, damit ich um so besser leben kann. In dieser plakativen Formulierung wirkt der Satz vielleicht harsch und ungerecht, aber jeder, der sich darum bemüht hat, Menschlichkeit nicht nur zu postulieren, sondern sie auch zu üben, weiß, daß sie uns immer wieder im Tiefsten verletzlich macht, weil Liebe uns dazu verführt, uns offene Flanken zu machen, uns unserer selbst zu entäußern um des anderen willen, damit er lebe, darin ein Stück zu sterben. Man steht manchmal mit fassungslosem Staunen, manchmal sogar mit Ansätzen des Entsetzens davor, daß es Menschen gibt, die den anderen verzwecken, ihn zum Instrument ihres eigenen Lebens machen und gerade darin sterben. Denn derjenige, der den anderen in Anspruch nimmt, lebt nicht mehr aus der Freiheit seiner eigenen Entschlüsse, sondern ist auf den anderen verwiesen, bedarf seiner und begibt sich in einer viel schrecklicheren, weil zwangshaften, Weise seiner selbst, als derjenige, der sich freiwillig verschenkt. Dort wo Zwischenmenschlichkeit selber als nur Forderung an andere erhoben wird, ist die Gefahr groß, daß man „stirbt", weil man sich seines Eigenstandes begibt, nurmehr im Stande ist, aus anderen zu leben und die anderen damit müde zu machen, sie zu erschlagen und auszubeuten.

Tod – Verhängnis oder Perspektive?

Der Tod aus christlicher Sicht

In der Mitte der 50er Jahre gab es an der Universität München eine recht bemerkenswerte Diskussion. Es ging darum, daß im Lichthof der Universität jene alten Gitter wieder eingesetzt werden sollten, die ihn vor dem Krieg schon geziert hatten und die gerettet worden waren. In einem dieser Gitter war das berühmte Horaz-Zitat eingeschmiedet: „Dulce et decorum est pro patria mori". Schon damals, in den 50er Jahren, gab es Stimmen, die diesen Text im Lichthof der Universität nicht mehr sehen wollten und dies geradezu damit begründeten, man könne in eben dem Lichthof, in dem die Geschwister Scholl und ihre Freunde ihre Flugblätter geworfen hätten, unmöglich ein solches Gitter aufhängen. Man darf wohl auch heute noch die Frage stellen, wofür denn diese Menschen sonst gestorben wären, wenn nicht dafür, daß sie versucht haben, den Mächten der Finsternis in einer sehr dunklen Stunde unseres Vaterlandes in einer angemessenen Weise zu wehren. Für mich verbindet sich jedoch noch ein eigenes Erlebnis damit. Ich habe dem damaligen Rector Magnificus einen Brief geschrieben, dem die Ehre einer Antwort nie zuteil geworden ist. Ich habe ihm geschrieben, wenn man schon das Zitat des Horaz nicht wolle, könnte ich einen Gegenvorschlag machen, nämlich ein Zitat aus dem heiligen Paulus: ‚mors pretium peccati', der Tod sei der Sünde Lohn. Es war mir von vornherein klar, daß ich keine Antwort bekommen würde, und es war mir auch klar, daß man diesen Satz sicherlich noch weniger als den von Horaz im Lichthof der Universität anbringen würde. Der Vorgang bringt aber etwas ins Bild, was mir eine der wesentlichen, wenn auch verborgenen, Ursachen für die Notwendigkeit des vorliegenden Bandes zu sein scheint. Es steht nämlich zu vermuten, daß wegen des inneren Zusammenhanges von Tod und Sünde, von Tod und Schuldigwerden, der Tod verdrängt wird, weil auch Schuld und Schuldbewußtsein in unserer

Gesellschaft kein öffentliches Thema sind. Man sucht Schuld weit eher als bei sich selbst an allen anderen möglichen Orten.

Vom Gesichtspunkt der christlichen Offenbarung, des christlichen Glaubens her ist der Zusammenhang offenkundig. Wenn die Sünde in der Tiefe ihres existenziellen Gewichtes eine Abkehr von Gott ist, bedeutet sie damit auch eine Abkehr von der Quelle allen Lebens. Wer sich von der Quelle des Lebens abwendet, verfällt notwendigerweise dem Tod. Und selbst, wenn sich Theologen über die Frage, ob nicht der physische Tod schon immer, d. h. noch vor dem Sündenfall in der Schöpfungsplanung Gottes gelegen habe, streiten, so bleibt doch eines jenseits dieses Streites festzuhalten: Für den Christen deutet sich der Tod auch als Notwendigkeit und als Möglichkeit, ein durch die Sünde gebrochenes Leben in die Hände Gottes zu überantworten, damit Er es heile. Nur von daher wird die Aussage des Neuen Testamentes überhaupt verständlich, die auch schon im Alten Testament ausgesprochen ist, daß die Bereitschaft, den Tod aus der Hand Gottes willig anzunehmen, viele Sünden zudecke, was ja nichts anderes besagen will, als daß von Gott her dem Menschen im Tod eine neue Chance eingeräumt wird. Die Nachfolge in den Kreuzestod Christi, der ja gerade darin zum zweiten Adam wird, daß er, im Gegensatz zum ersten Adam, sein Leben nicht aus eigenem Recht will, sondern bereit ist, sein Leben eher nicht zu wollen, als daß es nicht von Gott geschenkt sei, diese Nachfolge in den Tod ist Chance des Heiles. Der Kreuzestod manifestiert die Bereitschaft des Menschen Jesus von Nazareth, sich, bis hinein in die letzte Konsequenz, völlig an die Barmherzigkeit Gottes auszuliefern. Erst in der Nachfolge in diese Bereitschaft wird überhaupt von unserer Seite her die denkbare Möglichkeit freigesetzt, die die Worte der Schrift, sozusagen wie in einem Kaleidoskop, alle an ihren richtigen Platz fallend, meinen, wenn sie davon sprechen, daß Gott seinen Gerechten den Tod nicht schauen lassen werde, daß er ihn aus dem Rachen der Unterwelt herausreißen werde, wenn diese drohe, ihn zu verschlingen. Gerade in der Bereitschaft, den Tod aus der Hand Gottes anzunehmen, paradigmatisch an der Gestalt unseres Herrn erkennbar, wächst auch die Chance, das Leben erneut aus der Hand Gottes zu erhalten, nicht mehr als eines, das gebrochen ist in eigener Schuld, sondern als eines, das uns gegeben wird frei von aller Schuld und damit auch frei von der Gebrochenheit des Todes.

Für den Nicht-Christen jedoch, für den Civis unserer sich plural verstehenden bürgerlichen Gesellschaft, der an Jesus Christus nicht glauben kann, bleibt der Tod eine offene Frage, weil er diese christliche Hoffnung noch nicht teilen kann. Dies wird wiederum zu einer Frage an uns Christen, ob denn unser Zeugnis von einer solchen Lebendigkeit sei, so sehr von Hoffnung erfüllt sei, daß wir dem, der an Jesus Christus nicht glauben kann, dennoch die Chance einräumen, an unserem Zeugnis zu erkennen, daß es sich lohne, diesem Zeugnis zu folgen.

Hier scheint mir, wieder einmal, die Weisheit der alten Römer von großer Bedeutung zu sein. Wer in den klassischen toten Sprachen unterwiesen wurde, weiß, daß einer der ersten Hexameter, die man im Ludus Latinus lernen mußte, war: „Quidquid agis, prudenter agas et respice finem", was immer du tust, tue es mit Klugheit und habe das Ende im Auge. Wenn der Mensch sich dazu bequemen könnte, das Ende seines Lebens stets im Auge zu haben, nicht als eine finstere Drohung, sondern als den sozusagen natürlichen Schluß seiner irdischen Wanderschaft, eröffnete sich ihm eine neue Perspektive. Er würde dann jene Vorläufigkeit besser erkennen, von der bereits die Rede gewesen ist, und dies nicht nur, um sich als ein ständiges Fragezeichen seiner selbst zu erfahren, zu erleben – was den Menschen ja auch in einer Weise niederdrücken und betrüben könnte, der er vielleicht nicht gewachsen ist –, sondern weit eher, um aus dieser Rücksichtnahme vom Ende her, in einer sozusagen vorweggenommenen rückblickenden Absicht, die Möglichkeit zu gewinnen, das eigene Leben zu gestalten. Und er gewönne die Chance, eben doch die Geschichte seines Lebens zu ändern. Der Gedanke des Gerichtes sagt ja eigentlich nichts anderes, als daß unsere eigene Unzulänglichkeit der göttlichen Gerechtigkeit konfrontiert wird, um in der Begegnung mit der strahlenden Herrlichkeit – tremendum qua fascinosum und fascinosum qua tremendum – das eigene Ungenügen zu erkennen. Wäre nicht schon ein Stück des Weges gewonnen, wenn wir selbst den ungläubigen Menschen davon überzeugen könnten, daß aus der Rückschau, aus der vorweggenommenen Rückschau auf sein Leben, die Möglichkeit wächst, Entscheidungen im hier und heute zu korrigieren, daß sie näher an den Sinn des Lebens heranführen. Ignatius von Loyola sagt es unnachahmlich in seinem Exerzitienbüchlein: Wenn du vor einer schwierigen Entscheidung stehst, dann tu drei Dinge: Bete darum, daß geschieht, was Gott will und nicht, was du willst; bemühe dich, die Entscheidung so zu fällen, wie du deinem besten Freunde raten würdest; und entscheide so wie du beim Jüngsten Gericht wünschen wirst, entschieden zu haben. Gerade im Hinblick auf die Summe des eigenen Lebens, ob es nun durch das Tor des Glaubens an Gott hindurchzuschreiten vermag oder noch nicht, gerade im Hinblick auf die Summe des Lebens ist dem Menschen unserer Zeit anzuraten, er solle vom Scheitelpunkt seines Lebens her erkennen, was um sein Leben ist, was sein Leben ist, ja auch, wie sein Leben ist, um von dort, im Vorgriff auf die Zukunft, die Gegenwart, die gleich schon Vergangenheit sein wird, zu korrigieren. Mit einem solchen Gedanken gewinnt die Erkenntnis ein noch größeres Gewicht, daß das Sterben des anderen uns immer nicht nur betreffe, nein, auch herausfordere zu einem Akt der Menschlichkeit, der den anderen annimmt, auch dort, wo er mich an meine eigene Hinfälligkeit und an mein eigenes Ende erinnert. Diese Erinnerung mag es mir schwer machen, ihm beizustehen mit allen Möglichkeiten, die das menschliche Herz, der menschliche Verstand nur zu ersinnen vermag; doch muß ich es tun in Geduld, aber auch mit der notwendigen Klarheit. Diese Klarheit soll nicht als eine Anforderung oder Strafe über den Menschen hereinbrechen, vielmehr soll sie ihm helfen, in der Betrübnis seines Geistes, die der herannahende Tod fast ausweglos über ihn bringt, durch mich an Gewißheit zu gewinnen, was ihm dann selber vielleicht nicht mehr vergönnt ist. Klarheit also nicht in dem Sinne, daß ich ihm in einer mehr oder minder barschen Weise ins Gewissen rede, obwohl dies selbstverständlich auch gelegentlich geboten, ja sogar zwingend geboten sein kann, sondern viel eher darin, daß ich ihm durch meine Bereitschaft, milde und gütig zu sein, Hoffnung schaffe auf die Mildheit dessen, der hinter dem Tor des Todes seiner wartet.

Alles, was wir heute mit so großen und doch immer dem Verdacht ihrer inneren Leere unterliegenden Worten wie Sozialisation, Sozialfähigkeit und ähnlichem bezeichnen, ist doch nichts anderes als: in allem verdanken wir uns Anderen. Es ist gut, sich dessen nicht weniger zu erinnern, wenn sich die Bahn unseres Lebens neigt, als an ihrem Anfang. Um es im Bilde zu sagen: Wir sollen im Sterben nicht weniger geborgen sein auf dem Schoß des Menschen als wir als Kind geboren waren im Schoß und auf dem Schoß unserer Mutter. Es muß also der Mensch fähig sein, gerade weil er weiß, daß er selbst das Los des Sterbenden teilen wird, in der Solidargemeinschaft derjenigen, die noch zur Vorläufigkeit verurteilt sind, dem anderen seine Vorläufigkeit durch Beistand, in des Wortes eigentlicher Bedeutung, zu erleichtern und zur selben Zeit sich in diesem Beistand dessen zu vergewissern, daß auch er selbst sich Anderen verdanke und diese Dankesschuld nach Kräften abstatten solle.

Ich glaube, daß unter den biblischen Geschichten eine der Schlüsselgeschichten zu unserem Thema im Johannesevangelium zu finden ist, wo berichtet wird, wie der Apostel Thomas den anderen nicht glauben wollte, daß sie den Herrn gesehen hätten. Eine Geschichte, die viel weniger zum Tadel des Apostels Thomas als zu unserem Trost niedergeschrieben wurde. Thomas verlangt nichts anderes, als das, was der Herr den anderen Jüngern freiwillig angeboten hatte; denn als er in der Woche zuvor, am Abend des Ostersonntags, den Saal betritt, bietet Er ihnen ja die Wundmale dar, damit sie ihn erkennen und keine Furcht vor ihm haben. Thomas wird getadelt, aber er wird getadelt zu unserem Nutzen, ja zu unserem Heil, denn gerade in der Erfüllung der Forderung, die er stellt, wird deutlich, daß der Ausweis der Realidentität des auferstandenen und schon verklärten Herrn mit dem Jesus von Nazareth, der wenige Tage zuvor in einer elendiglichen Weise zu Tode gebracht worden war, überantwortet ins Scheitern, wie ein Schaf geführt zur Schlachtbank, das seinen Mund nicht auftut, daß der Erweis dieser Realidentität genau in den Spuren des Scheiterns gefunden wird. Der Herr ist erwiesen als der eine und selbige, weil er die Wundmale seines Unterganges auch noch an seinem verklärten Leib trägt.

Ein, wie mir scheint, wahrhaft tröstlicher Gedanke. Gott verheißt uns das Leben durch unseren Herrn, dem wir als seinem Sohn glauben, nicht, indem er uns androht, wir würden aus der Identität mit uns selber herausfallen, wir würden ein anderer sein, so daß wir uns selbst gar nicht mehr zu erkennen vermöchten, nein, er verheißt uns in der Thomasgeschichte, daß wir unsere eigene Identität auch noch im Scheitern, auch noch in der Gebrochenheit des Todes bewahren werden, ja, daß diese Identität, hineingehoben in das Licht der Anteilnahme an seiner Herrlichkeit, uns überhaupt erst die volle Identität mit uns schenken wird. Wenn wir sagen, Gott habe die Fähigkeit, auch noch auf krummen Linien gerade schreiben zu wollen und zu können, dann ist diese Erkenntnis über die Geradlinigkeit Gottes in ihre Fülle eigentlich erst geführt, wenn wir begreifen, daß Gott aus den krummen Linien auch unseres Lebens noch ein gerades Stück Anteilnahme an göttlicher Herrlichkeit zu machen vermag.

Wenn wir wiederum die Frage stellen, was das denn nun eigentlich für den bedeute, der nicht in dieser Hoffnung lebt, der noch nicht zum Glauben gelangt ist, der noch nicht vermag, weil seine Augen gehalten sind, den Herrn zu schauen, dann ist zu antworten, es gehe aus diesem Gedanken hervor, daß ein Leben nicht dividiert werden kann in eine Soll- und Haben-Seite, sondern daß es eine Einheit bilde, die von Gott angenommen wird – auch wenn dies natürlich nicht bedeuten kann, wir sollten nur hurtig drauflos sündigen, weil Gott am Ende die Rechnung schon glattstellen werde –, es gehe also aus diesem Gedanken die Erkenntnis hervor, daß auch noch in den Brüchen, auch noch in den Abgründen unseres Lebens Hoffnung ist. Wie sollten wir Hoffnung haben über den Tod hinaus oder zumindest bis an die Schwelle jenes dunklen Reiches, das wir noch nicht erforscht haben, das uns noch verborgen ist, wie sollten wir anders Hoffnung haben als wenn wir nicht gleichzeitig erkennen dürften, daß unser ganzes Leben angenommen und sinnvoll ist, daß die Brüche unseres Lebens uns nicht aus dem Sinn herauszureißen vermögen, sondern daß auch im Ablauf der Geschichte die Sünden der Menschen oft, wenn nicht immer, dazu gedient haben, wie Paulus sagt, die Gnade übermächtig werden zu lassen. Die Hoffnung des Menschen, Gott rette ihn über die Abgründe, die ihn noch im Schlaf zu erschrecken vermögen, vermag ihn vor einem weiteren Absturz in diese Abgründe zu bewahren.

Geschichtsvergessenheit und Hybris müssen vor dem Tod demütig werden, und auch darum sollten wir in unserer Zeit das Gedenken an den Tod wachhalten, nicht als eine Drohbotschaft, sondern als die Aufforderung zu erfüllterer Menschlichkeit. Paulus sagt: Gesät wird in Vergänglichkeit, geerntet in Unvergänglichkeit. Nur wenn wir bereit sind, zu erkennen, daß der Tod jener Umbruch vom Samen zur Ernte ist, nur wenn wir verstehen, daß die Summe unseres Lebens nun einmal in Gottes Namen nicht anders zu ziehen sei als wenn der Schlußstrich unter die einzelnen Posten unseres Lebens gezogen wird, nur dann werden wir zu ermessen vermögen, was es bedeutet, in Vergänglichkeit auszusäen, um in Unvergänglichkeit ernten zu können.

Nicht nur das Senfkorn, das der kleinste unter dem Samen ist, und doch einen Strauch in das Leben entläßt, in dem die Vögel nisten können, sondern auch jedes Korn unseres Lebens hat die Verheißung kommender Frucht in sich. Es mag gelegentlich durchaus sein, daß es uns schwerfällt, dieses zu glauben, aber vielleicht sollte man noch auf ein anderes Bild hinweisen, um deutlich zu machen, daß es eben doch eine Frage des Gesichtspunktes ist und dieser hinwiederum nicht selten eine Frage des Standpunktes. Als Gott die Sintflut wieder ablaufen ließ, da schrieb er zum Zeichen der Versöhnung zwischen Gott und den Menschen den Regenbogen in den Himmel. Jeder weiß, wie der Regenbogen entsteht. Vor einer dunklen Wolkenwand, aus der der Regen fällt, steht die Sonne und strahlt auf den Regen. Durch die Brechung des Lichtes entsteht das Zeichen der Versöhnung zwischen Himmel und Erde, zwischen Gott und den Menschen. Sehen kann den Regenbogen nur der, der in der Sonne steht; der, der unter der Wolke ist, noch im Gewitter, im Sturm, im Regen und Hagel, er sieht nichts außer einer Hoffnung von Licht jenseits der Grenze zwischen Hell und Dunkel. Wer aber durch diese Grenze hindurchgeschritten ist und sich umwendet, der sieht den Regenbogen in seinen leuchtenden Farben unter das Firmament geschrieben, sieht, wie sich die Dunkelheit im Licht der Sonne in leuchtende Farben verwandelt. Wieder ist es mit unserem Leben nicht anders. Wir müssen nur bereit sein, immer wieder neu vom Regenbogen zu lernen und zu erkennen, daß wir unter ihm hindurch müssen, – heute noch antizipatorisch, wenn aber die Uhr unseres Lebens abgelaufen ist, dann auch in aller Wirklichkeit, um zu erkennen, daß das, was heute wie Dunkelheit aussieht, wie Sturm, Regen und Hagel, wie Kälte und Angst, vom anderen Standpunkt her Licht ist und Zeichen der Versöhnung und der Freude.

Wollten wir damit zum guten Schluß den Tod seiner Schrecken entkleiden, wir dürften es nicht, und ich meine, wir könnten es auch nicht, denn die harte Notwendigkeit zu sterben, in das Gericht zu müssen, bleibt ja unser Teil, und es wird uns vermutlich selbst der Glaube nicht völlig aus der Angst vor der Dunkelheit des Todes lösen können. Es geht also nicht darum, die Angst vor dem Tode aufzuheben, sondern es geht vielmehr darum, Mittel und Wege zu zeigen, durch die wir aus dieser Angst einen Ausweg zu finden vermögen, indem wir zu erkennen in Stand gesetzt werden, daß die Angst nicht das letzte Wort ist, sondern daß jenseits dieser Angst in allen Brüchen unseres Lebens auch noch die Erwartung liegt, die Hoffnung. Selbst der, der an ein ewiges Leben nicht glaubt, der nicht daran zu glauben vermag, daß Gott ihn aus dem Rachen der Unterwelt erretten werde, er sollte wenigstens zu erkennen vermögen, wenn er einem Christen begegnet, der wahrhaft diesen Namen verdient, daß offenbar die Lebensqualität durch Hoffnung veränderbar ist. Wenn wir ihm heute sein Leben noch nicht zu deuten vermögen, weil er noch nicht glaubt, noch nicht hofft, wenn wir ihm heute noch nicht zu erklären vermögen, warum wir diese Hoffnung haben, sondern nur in aller Bescheidenheit von ihr zu sprechen vermögen, so vermögen wir ihm in dieser Rechenschaft doch einen Weg zu öffnen. Wer nämlich den Weg jener Liebe wählt, die bereit ist, sich selbst in den Dienst anderer zu stellen, die bereit ist, das eigene Leben nicht als das oberste aller Gewichte zu betrachten, als den gewichtigsten aller Steine, aus denen sich das Haus der Geschichte erbaut, sondern wer sich eher als Stein versteht, der, wie man in der Architektur sagt, ein

Dienst ist, wer die Spannungen des Lebens aushält, um seiner selbst willen, aber auch um der anderen willen, wer bereit und imstande ist, die Hoffnung aufrechtzuerhalten, selbst wenn er sie so noch nicht teilen kann, der ist auf dem rechten Weg, der öffnet anderen einen neuen Weg.

Es scheint das Schicksal unserer Epoche zu sein, daß sie, anders als alle vergangenen Epochen, meint, sich der Hoffnung verweigern zu müssen. Es wird die Aufgabe derjenigen sein, die den Tod in Hoffnung annehmen, die auf ihn schauen und nicht an ihm vorbei, die den Gedanken an ihn, in aller Bescheidenheit und Heiterkeit, wachhalten in unserer Zeit, darin die Hoffnung gegen alle Hoffnungslosigkeit lebendig zu erhalten. Es wird darauf ankommen, daß die Christen aus der Fülle ihrer Hoffnung die Hoffnung in dieser Zeit nicht untergehen lassen.

Biologische, physiologische und ärztlich-psychologische Aspekte von Sterben und Tod

Von Hans Kuhlendahl

Werden und Vergehen ist die absolute Grundgesetzlichkeit allen Lebens. Jedoch, bloßes biologisches Existieren und menschliches Leben ist zweierlei: Menschliches Leben ist biologisches (materielles) Dasein und darüber hinaus geistiges In-der-Welt-Sein. Die Fähigkeit des Menschen zum Ich-Bewußtsein und damit zum „Erleben" gibt ihm seine Sonderstellung in der Welt. Die Gewinnung von Selbst-Bewußtsein hat für den Menschen als einzigem Lebewesen zur Folge, daß er weiß, daß er sterben muß und daß er auch darüber nachdenkt (C. F. v. Weizsäcker). Deshalb gehört der Tod in besonderer Weise zum menschlichen Leben. Er scheint nicht in gleicher Art und in gleichem Maße das Leben einfach zu beenden wie das bei den anderen Lebewesen der Fall ist, und so sieht sich der Mensch seit jeher in die Auseinandersetzung mit der Frage gestellt, wohin der Tod führt: Ob in das radikale Nichts oder in irgendetwas jenseits der rein biologisch-materiell begrenzten „realen" Existenz. „Der Tod ist der Horizont unseres Lebens – aber der Horizont ist nichts anderes als das Ende unserer Sicht", hat der vor kurzem verstorbene bedeutende Chirurg Rudolf Nissen geschrieben.

Wir müssen also Leben und Tod des Menschen einerseits unter rein naturwissenschaftlichen Gesichtspunkten und andererseits aus anthropologischer Betrachtung untersuchen. Das gilt in besonderem Maße für den Mediziner und Arzt. Als Mediziner muß er den naturwissenschaftlich-rationalen, den „objektiven", überindividuellen Erkenntnisstand darlegen, gewissermaßen unter Reduktion des

Menschen auf eine physikalisch-chemische Maschine („Biomaschine Mensch"). Als Arzt steht er jedoch der individuellen Personalität des kranken Menschen mit Körper und Seele und dem damit unlösbar verbundenen irrationalen Aspekt gegenüber, der in der Haltung des Menschen gegenüber Sterben und Tod eine besondere Rolle spielt. Hier ist in der Sicht des Arztes ein dualistischer Aspekt „Körper – Geist" (Leib – Seele) zwangsläufig vorgegeben. Deshalb ist schließlich Sterben und Tod unter ärztlich-ethischen Gesichtspunkten zu betrachten.

Die biologischen Grundlagen von Leben und Tod

Es erscheint sinnvoll, die medizinisch-rationale Betrachtung von Leben und Sterben einmal in den Gesamtrahmen des heutigen naturwissenschaftlichen Weltbildes einzuordnen, welches von der Evolutionstheorie beherrscht wird. Die Naturwissenschaft hat heute eine sehr klare und weithin gesicherte Vorstellung von der Stellung des Menschen im Rahmen der biologischen Evolution. Die in den letzten Jahrzehnten aus dem Darwinismus entwickelte Evolutionstheorie umfaßt die Evolution des kosmischen Universums, der biologischen Strukturen und schließlich des Menschen in seinen geistigen Fähigkeiten. Der kosmischen Evolution folgte die Bio-Evolution, d. h. die Entwicklung von Leben auf unserer Erde, dessen Entstehung nach Manfred Eigen „bei Erfüllung der materiellen Voraussetzungen ein physikalisch unabwendbares Ereignis war".

Evolution hat zur zwangsläufigen Grundbedingung die begrenzte individuelle Lebensfrist, d. h. den Tod des Individuums. Denn die über das genetische Material unter dem Selektionsdruck durch die Mutationsvorgänge gesteuerte Fortentwicklung ist nur in Einzelschritten von Individuum zu Individuum möglich. Biologisch gesehen ist der Tod des Einzelindividuums also die absolute Voraussetzung für das

Weiterbestehen, das „Weiterleben" der Art, des Kollektivs, der gesamten Lebensvielfalt und ihrer Weiterentwicklung. Aus der elementaren Erkenntnis, daß Leben Resultat von Evolution ist, folgt, daß der Tod des Individuums genetisch programmiert ist. Die spezielle Evolution des Menschen wird bestimmt durch die mit der Entwicklung des Gehirns verbundene Psycho-Evolution, deren entscheidende Schritte die Gewinnung von Selbst-Bewußtsein, Sprache und abstraktem Denken waren. Man kann zusätzlich von der zivilisatorischen und kulturellen Evolution sprechen.

Es gibt damit keine Zäsur zwischen der unbelebten Welt und der Biosphäre einschließlich des Menschen. Die Evolution ist vielmehr die kontinuierliche, Schritt für Schritt autonom und teleonomisch sich vollziehende Entwicklung von der anorganischen (Ur-)Materie zu lebender Substanz und zu immer höherer und komplexerer funktioneller Ordnung. Das Gehirn des Menschen ist das komplexeste und komplizierteste Funktionssystem, das die Evolution bisher hervorgebracht hat. In diesem Sinne kommt der biologischen Evolution nichts Mystisches mehr zu, und wir sollten uns bewußt sein, daß auch der gegenwärtige Mensch sich auf einer Durchgangsstufe der unaufhaltsamen (im Zeitmaßstab von zehntausenden Jahren fortschreitenden) Evolution befindet.

Das heutige naturwissenschaftliche Weltbild ist also auf den historischen Charakter des Universums mit Werden und Vergehen ausgerichtet, der das Weltall nicht mehr als statisches System betrachtet. So gibt die Einordnung des Menschen in den kontinuierlichen biologischen Evolutionsprozeß jedenfalls der naturwissenschaftlichen Betrachtung von Leben und Tod eine besondere Perspektive mit der Psycho-Evolution, die erst dem Menschen ein Nachdenken über Sterben und Tod ermöglicht.

Rational gesehen ist Sterben und Tod nichts anderes als der Übergang von „leiblicher", lebender Materie – der „menschgewordenen Materie" Teilhard de Chardins – in unbelebte Materie. Wir sollten wohl besser sagen: Die Rückverwandlung von hochkomplexer lebender in unorganisierte tote Materie. Mit dem Tode zerfällt lebende Materie unweigerlich in deren anorganische Bausteine.

Doch was ist Materie überhaupt, und was ist – physikalisch betrachtet – Leben? Für beide Fragen hat die Naturwissenschaft in den letzten dreißig bis fünfzig Jahren äußerst bedeutsame neue Erkenntnisse (oder besser Teilantworten) geliefert. Umstritten geblieben ist umso mehr die Frage, was denn Geist sei: Eine Systemeigenschaft der Gehirnfunktion? Ein „Epiphänomen" von Materie? Oder etwas von allem Anfang an neben der Materie Vorgegebenes? Ein anderer Definitionsversuch: Geist (Seele, Bewußtsein) sei der „Innenaspekt allen Erlebens, der ausschließlich subjektiv und individuell erlebt wird." (G. Vollmer).

In der Naturwissenschaft stehen sich zwei prinzipiell (und emotional) unterschiedliche Standpunkte der Weltsicht und der Interpretation der wissenschaftlichen Erkenntnisse gegenüber: eine rationalistisch-physikalistische („positivistische") und eine animistisch-vitalistische (spiritualistische) Betrachtungsweise. Die physikalistische Sicht ist allein auf die „objektive" Erklärung aller Erscheinungen ausgerichtet und fragt kaum nach dem Warum und Wieso, während die – auch von Naturwissenschaftlern nicht selten vertretene – animistische Auffassung ein aprioristisches Prinzip, etwa im Sinne der „prästabilisierten Harmonie" von Leibniz oder der „ordnenden Absicht" Kants voraussetzt oder mehr oder weniger einem religiösen Verständnis verhaftet ist (s. dazu J. Illies).

Als Gegenstand der Forschung ist diese Welt aber zugleich – wie Heisenberg hervorhebt – nicht mehr nur die Welt unserer unmittelbaren Erfahrung, sondern auch jene abstrakte Welt, in die wir nur mit den Mitteln der modernen Technik eindringen können, wo Ordnungsstrukturen nur in mathematischen Formeln ausgedrückt oder dargestellt werden können. Der Grad der Abstraktheit wächst mit dem Fortschritt unserer naturwissenschaftlichen Erkenntnis. Das kann nicht ohne Einfluß auf die Haltung des Menschen gegenüber Sterben und Tod sein!

Die Abstraktheit der modernen wissenschaftlichen Erkenntnisse führt freilich den menschlichen Geist andererseits doch hier und da wieder in neue Mystizismen. So ist es bemerkenswert, daß ein sehr bedeutsames Buch des hervorragenden Hirnforschers (und Nobelpreisträgers für Medizin) John C. Eccles den Titel trägt: „The Human Mystery" (1979) – obwohl darin nach einer umfassenden rationalen Darstellung von Struktur und Funktion des menschlichen Gehirns aus evolutionstheoretischer Sicht eine subtile neurophysiologische Analyse der Leistungen des Gehirns und der Problematik der geistigen Tätigkeit („Mind-Brain-Problem") folgt. Die ganze Abhandlung stellt Eccles aber unter das Leitwort einer „Natur-Theologie" („Natural Theology"): „In the creation of the self it is completely mysterious how each of us is endowed with a unique selfhood, our own. It will be argued that there is no materialist explanation. It is a theme for Natural Theology."

Der physikalistisch oder positivistisch eingestellte Wissenschaftler braucht dieser Konzeption von Eccles keineswegs zu folgen und ein Mysterium als principium movens in den Prozeß der Psychoevolution einzuschalten. Schließlich ist die Psychoevolution – wie es Eccles selbst darstellt –, die Gewinnung des Selbst-Bewußtseins, der Sprache als Kommunikationsmittel und der Fähigkeit zur Selbstreflexion nicht nur an eine ganz erhebliche Größenzunahme und Formentfaltung des menschlichen Gehirns, also an einen herausragenden stofflichen Vorgang gebunden („materialist explanation"), sondern bedurfte außerdem natürlich des sehr langen Zeitraumes von über 2 Mio Jahren. Damit gliedert sich die „Schöpfung des Selbst", des Ich, eigentlich problemlos in den unter dem Selektionsdruck zu immer höherer funktioneller Komplexität führenden Evolutionsprozeß ein. „Jedem geistigen Vorgang oder Bewußtseinsakt"

Biologische, physiologische und ärztlich-psychologische Aspekte

– so stellt G. Vollmer fest – „liegt ein neurophysiologischer Vorgang zugrunde. Der derzeitige Stand der Hirnforschung läßt daran keinen vernünftigen Zweifel." (Vgl. dazu auch die Übersicht bei B. Rensch, 1979). Aber der derzeitige Stand der Hirnforschung wurde wesentlich mitgestaltet von Eccles. Nach wie vor stehen sich eben Dualismus und Monismus gegenüber und bestimmen die Haltung des Einzelnen, auch gegenüber dem Verständnis von Leben und Tod. Muß nicht, wer sich an die dualistische Auffassung gebunden fühlt, dem Tod anders gegenüberstehen als der Monist? Die Theorie des „psychophysischen Identismus" (B. Rensch, G. Vollmer) ist der Versuch zur Lösung des Leib-Seele-Problems im Sinne des Monismus, wozu die medizinische (neuroanatomische und neurophysiologische) Forschung wesentlich beigetragen hat.

Einige Daten der jüngeren naturwissenschaftlichen Erkenntnis mögen nun dem engeren medizinischen Sachverhalten vorangestellt werden, gerade weil sie einer anthropozentrischen Weltsicht entgegenstehen. Unser Weltall hat nach den gut begründbaren derzeitigen Vorstellungen ein Alter von ca. 15 Mrd Jahren und umfaßt viele Milliarden Galaxien. Unser Milchstraßensystem setzt sich aus etwa 200 Mrd Sternen zusammen. Innerhalb unseres Milchstraßensystems entstand unser Sonnensystem mit den Planeten vor etwa 4,6 Mrd Jahren, also verhältnismäßig spät nach dem „Urknall". Unserer Erde wird ein Alter von etwa 4,5 Mrd Jahren zugeschrieben.

Um diese zeitlichen Relationen etwas konkreter vorstellbar zu machen, wird gern das Alter des Universums nach dem sogenannten kosmischen Kalender auf den Maßstab des irdischen Kalenderjahres übertragen, wobei 1 Monat = 1,7 Mrd Jahren entspricht. Dann entstand nach dem „Urknall" vom 1. Januar erst im Mai unser Milchstraßensystem, im September unser Sonnensystem und im Oktober unsere Erde. Erst Mitte November war die Abkühlung unseres Planeten soweit fortgeschritten, daß erste Voraussetzungen zur Entstehung von Leben gegeben waren. Aber erst Mitte Dezember entstand erstes tierisches Leben, in dessen weiterer Evolution die Wirbeltiere etwa am 22. Dezember und die Primaten erst am 31. Dezember auftraten und schließlich der rezente Mensch erst 5 Minuten vor dem Jahresende! Nach diesem Zeitmaßstab liegt der Beginn unserer Zeitrechnung erst ganze 3 Sekunden zurück, das sind wenige millionstel Sekunden von den 15 Mrd Jahren des Universums.

Kehren wir zu realen Zeitangaben des Evolutionsablaufes zurück. Die ersten einzelligen Lebewesen (Protozoen) traten vor etwa 1,3 Mrd Jahren auf, die ersten vielzelligen Organismen vor etwa 600 Mio Jahren, die ersten (Land-)Pflanzen vor rund 400 Mio, die ersten Amphibien vor etwa 330 Mio und die ersten Säugetiere vor etwa 200 Mio Jahren. Die ersten noch affenähnlichen Vorfahren des Menschen (die Hominiden) entwickelten sich vor etwa 10 Mio Jahren, der ‚Homo habilis' vor 2 bis 1,5 Mio, der Homo erectus (Pithecanthropus), der die ersten Steinwerkzeuge benutzte, vor wahrscheinlich etwa 400000 Jahren und schließlich der Homo sapiens vor rund 30000 Jahren – gegenüber dem Erdalter von 4,5 Mrd Jahren also erst „im allerletzten Augenblick".

Diese Daten sollen auf die extrem kurze Lebensgeschichte des Menschen im gesamten Universum hinweisen, zugleich aber deutlich machen, welch ungeheure Bedeutung für den Menschen als Teil der Natur die enorme Entwicklung des Gehirns (dessen Volumen immerhin gut dreimal so groß ist wie das des Menschenaffen!) hat; also die Psycho-Evolution mit der Entwicklung von Denkstrukturen, mit dem Gewinn von personalem Bewußtsein, Erinnerungsvermögen und der Fähigkeit, dem Leben, insbesondere dem eigenen Leben einen Sinn zu geben. Erst dies gibt dem Menschen ja den angemessenen Platz innerhalb des Kosmos (ohne Rückfall in ein anthropozentrisches Weltbild) und erlaubt ihm, über den Tod aus naturwissenschaftlicher, d. h. rationaler, wie auch philosophischer Sicht nachzudenken.

„Wir sollten daran erinnern", schreibt A. Unsöld, „daß Individuum nur ein Grenzbegriff unseres Denkens ist, der strenggenommen nie realisiert werden kann." Und: „... *eine* Person im strengen Sinn des Wortes (kann) gar nicht als Individuum verstanden werden, sondern ihr Entstehen, ihr Dasein und ihr Tod (sind) *nur* im Rahmen des Gesamt und der gesamten ‚Naturgeschichte' möglich und verstehbar. Jedem individuellen Leben, jedem menschlichen Tun ... und jedem Gedanken geht eine Milliarden von Jahren zurückreichende Kette damit verknüpfter Ereignisse in der Evolution voraus und es wird ihnen eine entsprechende Kette in die Zukunft folgen."

Was ist (naturwissenschaftlich) Leben?

Der Lebensprozeß – Leben ist kein Zustand, sondern ein Prozeß – besteht in dem hochkomplexen Zusammenspiel von spezifischen Eiweißkörpern (Proteinen), die sich aus geknäulten Ketten von nur 20 Aminosäuren zusammensetzen, und Nucleinsäuren als Informationsträgern (zugleich den Trägern der Erbsubstanz).

Leben wird nach drei Kriterien definiert: 1. *Metabolismus* (Stoffwechsel) und Reizbarkeit (Reaktion auf äußere Reize); 2. *Selbstreproduktion,* d. h. invariante Vermehrung; 3. *Variabilität* durch Mutagenität. Wir könnten in unserem Zusammenhang hinzufügen 4. das Altern und Absterben der Individuen.

Die Selbstreproduktion d. h. die Fortpflanzung der lebenden Substanz wird gesteuert vom genetischen Code, während die Fähigkeit zur schrittweisen Veränderung, also die Variabilität als das Grundprinzip der Evolution, auf Mutation, d. h. einer vom Zufall regierten, jedoch dem Selektionsdruck unterworfenen Änderung der im Chromosom gespeicherten genetischen Information beruht. Mit Manfred Eigen: „Die individuelle Ursache jedes einzelnen Schrittes der Evolution ist ein (zufälliger) Übersetzungsfehler", eine „Fehlablesung bei der Informationsübertragung" beim Reproduktionsvorgang.

Im Rahmen der Bio-Evolution ist es eine ungemein wichtige Tatsache, daß der genetische Code für sämtliche Lebewesen – von den Pflanzen über die gesamte Tierwelt bis zum Menschen – genau derselbe ist. Damit ist ein sicherer Beweis dafür gegeben, daß die Evolution die Grundlage der gesamten Lebensentfaltung auf unserer Erde ist. Es gibt – um es nochmals zu betonen – keine Zäsur und keinen Sprung in der Entwicklung von der Amöbe in Milliarden Jahren über die ersten Protozoen bis zum Menschen und dessen Psycho-Evolution, die erst in den letzten 1 bis 2 Millionen Jahren vor sich ging.

Da Leben auf Materie beruht, müssen wir uns nun der Frage zuwenden: Was ist überhaupt Materie oder – wohl besser – was verstehen wir unter Materie? Hier stoßen wir auf ein Grundproblem naturwissenschaftlicher Erkenntnis. Die moderne Physik löst den Materie-Begriff teilweise in Abstraktionen auf. Wenn aber Materie nicht unbedingt und in jeder Hinsicht stofflicher Vorstellung entspricht, wird die Grenze zwischen Materie und Geist auch von der Physik her aufgelöst. So lesen wir z. B. bei C. F. v. Weizsäcker: „... es ist dann möglich so zu formulieren, daß die Materie, welche wir nur noch als dasjenige definieren können, was den Gesetzen der Physik genügt, vielleicht Geist ist, insofern er also auf empirisch entscheidbare Alternativen hin befragt werden kann und darauf antwortet." (Viel weniger kompliziert hat das freilich schon Goethe ausgedrückt: „Wer von der Natur spricht, muß den Geist, wer vom Geist spricht, die Natur voraussetzen und im Tiefsten mitverstehen.")

Wenn in dieser Weise im Bereich der Physik im Materie-Begriff sich die Vorstellung von Stofflichkeit und Immateriellem verbindet, so korrespondiert damit in gewisser Weise im anthropologischen Bereich der Begriff der „Leiblichkeit" (im Sinne von H. Schipperges) als körperlich-geistige Einheit. Im Rahmen dieser ‚Leiblichkeit' muß der Tod freilich etwas anderes sein als nur Umwandlung von Materie-Zuständen.

Grundfragen der Medizin in Hinsicht auf Sterben und Tod

Das Leben aller höheren Lebewesen ist im selbstregulierenden Prozeß absolut abhängig vom Sauerstoff. Ohne Sauerstoff kein Leben, d. h. keine Zellfunktion, kein innerer Lebensvorgang, kein Stoffwechsel oder sonstiger Energieprozeß, keine Organfunktion. Das gilt insbesondere auch für die Mikroprozesse im Zellinneren und vor allem für die Tätigkeit der Neuronen des Zentralnervensystems. Aufhören der Sauerstoffzufuhr bedeutet deshalb unabwendbar Erlöschen des Lebens. (Deshalb hat ja die künstliche Beatmung heute in der Intensivmedizin, die Leben zu erhalten sich bemüht, eine so zentrale Bedeutung.) Zunehmendes Altern bringt allmähliches Überwiegen von Abbauprozessen – bei reduzierter Sauerstoffnutzung – gegenüber den Aufbauprozessen des jüngeren Lebensalters.

Die physiologische Lebensspanne aller Lebewesen, Pflanzen wie Tiere, ist an sich genetisch festgelegt, kann aber natürlich vorzeitig zu Ende kommen. Das bei weitem höchste Lebensalter erreichen einige Pflanzen, und zwar Bäume, die bis 5000 Jahre alt werden. Unter den sehr viel kürzeren Lebensfristen der Tiere haben die Schildkröten die längste natürliche Lebensspanne, die ein Alter von 150 bis 175 Jahren erreichen können.

Für den Menschen ist genetisch eine Lebensspanne von 90 bis maximal 115 oder vielleicht auch 120 Jahren festgelegt. Bei ungestörtem oder „natürlichem" Verlauf des Lebens des Menschen, der freilich nur äußerst selten vorkommt, gleiten die Stoffwechselvorgänge im absteigenden Lebensbogen mehr und mehr in einen defizitären Ablauf, bis das Leben ganz allmählich verlischt. Dies ist genetisch so programmiert. Aber für die übergroße Mehrzahl aller Menschen wird das Leben, wie jedermann weiß, vorzeitig durch Krankheit beendet.

Es muß also maßgeblich unterschieden werden zwischen dem „natürlichen" Tod am Ende des biologischen Lebensbogens, gewissermaßen als dessen Erfüllung, den ich den „endzeitigen" Tod nennen möchte, und andererseits dem vorzeitigen oder „unzeitigen" Tod.

Der „natürliche" und der „unzeitige" Tod

Wenn auch zu allen Zeiten das Leben für die große Mehrzahl aller Menschen vorzeitig endete, so hat sich doch diese Vorzeitigkeit nicht nur zeitlich, sondern vor allem ursächlich erheblich und folgenschwer verschoben. Durch die erfolgreiche und folgenreiche Entwicklung der Medizin in den letzten 100 Jahren von einer doch mehr oder weniger ohnmächtigen Heilkunde zu den heute teilweise hochwirksamen und erfolgreichen Behandlungsmöglichkeiten mußte sich zwangsläufig auch die Einstellung gegenüber Krankheit und Tod grundlegend ändern. Bis etwa zur Mitte des vorigen Jahrhunderts waren die Ärzte, war die Medizin weitgehend hilflos gegenüber den meisten tödlichen Krankheiten. Vor allem infolge sehr hoher Kindersterblichkeit und der weit verbreiteten Infektionskrankheiten starben mehr als drei Viertel der Menschen schon innerhalb ihrer ersten 3 Lebensjahrzehnte. Von 100 zur Welt Gekommenen starben 50 schon im ersten Lebensjahrzehnt. Allein an den – oft epidemisch auftretenden – Infektionskrankheiten starben 20% der Menschen, heute kaum noch 1%.

Noch zu Anfang dieses Jahrhunderts lag die durchschnittliche Lebenserwartung deshalb bei nur 44 Jahren, während sie heute bei 76 Jahren liegt. (Sie läge noch höher, wenn es nicht so viele Unfalltote gäbe und nicht so viele Leute durch Zigarettenrauchen für ihr vorzeitiges Ende an Lungenkrebs und/oder koronarer Herzkrankheit sorgten.)

Die frühere Ohnmacht gegenüber den Krankheiten als unabwendbarem und oft undurchschaubarem Schicksal, das meist akute Abbrechen des Lebens so oft schon in jungen Jahren, hatte natürlich eine andere Einstellung zum Tod zur Folge als heute.

Medizinisch-biologisch gibt es keinen einheitlichen Aspekt des Sterbens. Gewiß gibt es seit jeher den schnellen und den langsamen Tod, und zwar je in vielen Varianten. Indessen sind uns eben durch den Fortschritt der medizinischen Wissenschaft heute Mittel und Möglichkeiten zugewachsen, dem schnellen Tod oft in den Arm zu fallen und den langsamen Tod im günstigen Falle abzuwenden, im weniger günstigen aufzuhalten, hinauszuschieben – oder auch nur das Sterben zu manipulieren. Denn Sterben ist ja ein Vorgang, der zeitlich abläuft und durch den Tod abgeschlossen wird und dessen Dauer zwischen Sekunden bis Tagen, ja unter Umständen wenigen Wochen liegt. Oft genug ist der Beginn des Sterbevorganges gar nicht genau erkennbar bzw. bestimmbar.

Die Vielfältigkeit der Todesursachen und des Sterbens ist heute aus medizinisch-physiologischer Sicht so groß wie nie zuvor. Eine maßgebliche aber nicht immer genügend gewürdigte Rolle spielt die umwälzende Veränderung des Krankheitsspektrums. Hinsichtlich des akut eintretenden Todes steht heute bei weitem der Unfalltod an erster Stelle. Nachdem die Neugeborenen- und Kindersterblichkeit so entscheidend zurückgedrängt und die Infektionskrankheiten als Todesursache weitgehend ausgeschaltet werden konnten, ist für das Kindes- und Jugendalter bis ins 4. Lebensjahrzehnt der Unfall leider die häufigste Todesursache. Ab der Mitte des 4. Lebensjahrzehnts rücken Kreislaufkrankheiten und bösartige Geschwülste an die erste Stelle.

Jedoch kann der Ablauf der meisten zwar unheilbaren, d. h. zum Tode führenden Krankheiten mit ärztlicher Hilfe wesentlich verzögert werden. Das gilt für die Herz- und Kreislaufkrankheiten, denen (in unserem Lebensbereich) die Hälfte der Menschen erliegt, während ein weiteres Fünftel an Krebsleiden stirbt. Während also früher als Todesursache akute Erkrankungen bei weitem überwogen, sind es jetzt meist langsamer bzw. mehr oder weniger chronisch verlaufende Krankheiten, weit überwiegend des höheren Lebensalters, die bei drei Viertel der Menschen die Todesursache darstellen. Dem langsamen Sterben infolge von sich meist länger hinziehenden, allmählich zum Tode fortschreitenden Krankheiten steht der Mensch aber verständlicherweise gefühlsmäßig ganz anders gegenüber als dem unerwarteten Tod an akuten Krankheitsursachen.

Nach wie vor geht also für die meisten Menschen das Leben nicht biologisch-natürlich zu Ende, sondern auch im höheren und hohen Lebensalter gewöhnlich vorzeitig infolge von Krankheit. Denn auch bei den Menschen im hohen Alter, d. h. jenseits des achten Lebensjahrzehnts, wird der Tod fast immer durch interkurrente, mehr oder weniger akute Erkrankungen verursacht, und nur selten kommt es am Ende eines langen Lebens zum allmählichen Verlöschen im Sinne des „natürlichen" oder endzeitigen Todes. So bleibt auch beim Sterben im hohen Greisenalter oft, wenn nicht meistens, dem Arzt die problematische Entscheidung nicht erspart, ob es sinnvoll, human, vernünftig – oder wie immer man das nennen will – ist, im Erkrankungsfalle die Mittel zur möglichen Lebenserhaltung bzw. -verlängerung im vollen Umfange einzusetzen oder nicht, besonders wenn schon schwere Behinderungen, hochgradige Altersdemenz, Hilflosigkeit vorliegen und bestenfalls ein leidvolles Weiterleben über begrenzte Zeit erreichbar ist. Ein „rücksichtsloser" Einsatz aller Möglichkeiten, insbesondere der biotechnischen Mittel im Bereich der Intensivmedizin unter solchen Gegebenheiten kann nicht ohne weiteres ärztliche Pflicht sein. Auf das Problem solcher wertenden Entscheidungen komme ich später noch zurück. (Ich habe es unlängst im engeren Verwandtenkreis selbst erlebt – ohne es verhindern zu können –, wie einer hochgradig altersdementen 93jährigen, nachdem sie sich einen Oberschenkelhalsbruch zugezogen hatte, ohne Bedenken anläßlich der kurzen operativen Versorgung des Knochenbruches mehrere Blutkonserven eingepumpt wurden, so daß sie schließlich an dadurch verursachten Komplikationen in ein qualvoll verlängertes Sterben geriet.)

Wenn nun die Umstände beim Menschen im hohen Greisenalter eine besondere Situation begründen, so stellt sich diese Problematik natürlich noch schärfer und alltäglicher beim jüngeren Menschen, wenn es infolge unheilbarer Erkrankung, vor allem bei den Krebsleiden, auf das Sterben zugeht und abzusehen ist, daß der Tod nicht mehr abgewendet werden kann. Erst die medizinisch-technische Entwicklung der letzten zwei bis drei Jahrzehnte hat uns in die Lage versetzt, tatsächlich in den Sterbevorgang selbst wirksam einzugreifen, gewissermaßen dem Tod im letzten Augenblick in den Arm zu fallen. Ich meine damit explizit die Abwendung des bereits auf der Schwelle stehenden Todes, etwa beim schweren Herzinfarkt, bei der Lungenembolie, bei der schweren spontanen Hirnblutung oder beim Unfallverletzten mit eigentlich tödlicher Hirnverletzung. Gerade die Tatsache, daß es der Medizin heute bei einem Teil solcher Kranker, die sonst unmittelbar gestorben wären, gelingt, den Tod abzuwenden oder wenigstens für beträchtliche Zeit hinauszuschieben, hat die Erwartungen der Öffentlichkeit an die Medizin unangemessen gesteigert. Das ärztliche Eingreifen hat aber das Sterben zugleich in nicht so wenigen Fällen peinvoller, um nicht zu sagen grausamer gemacht. Auf einer neurochirurgischen Intensivstation ist dergleichen fast täglich zu erleben. Denn leider gelingt die Abwendung des vorzeitigen Todes in diesen Fällen viel zu oft nicht, und die Medizin erreicht mit oft enormem Aufwand nur eine Verlängerung des Sterbens, ein „Sterben im Zeitlupentempo", wie Werner Forssmann das einmal bezeichnete.

Die Entscheidungsschwierigkeiten des Arztes

Wer solche Situationen nicht aus eigener Tätigkeit kennt, kann sich wohl kaum eine rechte Vorstellung von solchen Abläufen und den tiefgreifenden Entscheidungsschwierigkeiten machen, die in diesem Bereich auf dem Arzt lasten. Es ist unbestreitbar Aufgabe und Pflicht des Arztes (der Medizin, der ärztlichen Kunst), dem vorzeitigen Tod in den Arm zu fallen, wo immer das möglich erscheint. Das ärztliche Eingreifen ist – wie der Heidelberger Medizinhistoriker Schipperges es ausgedrückt hat – „Urgebärde des handelnden und behandelnden Arztes". Neu ist in unserer Zeit eben, daß auch das Sterben selbst, der Sterbevorgang, Objekt ärztlichen Eingreifens geworden ist.

Wir kämpfen heute mit allem Aufwand der modernen Medizin bis zum allerletzten Augenblick, ja in manchen Fällen (es gibt dazu ja auch weltbekannte Beispiele) gewissermaßen noch darüber hinaus um das Leben, etwa indem die Beatmungsmaschine in die Lungen eines hirntoten Menschen noch tagelang weiter Luft einpumpt, weil in solchen Fällen trotz vollständigen Erlöschens aller Gehirntätigkeit das Herz noch eine Weile weiterschlägt. Der in der Intensivmedizin oft geradezu übersteigerte Kampf um die Verlängerung des Lebens noch während der Sterbephase widerspricht der anthropologischen Einsicht von der Unausweichlichkeit des Todes. Aber die ärztliche Tätigkeit kommt im Rahmen ihrer wachsenden Möglichkeiten um solche Entscheidungsprobleme nicht mehr herum. Die belastende Schwierigkeit ist es, den Zeitpunkt zu erkennen, von dem ab der Arzt dem Tod mit den intensivmedizinischen Hilfsmitteln nicht mehr im Wege stehen sollte. Es gilt den Punkt zu bestimmen, an dem nicht das medizinisch Mögliche, sondern das Menschenmögliche gefragt ist. Hier ist neben allem medizinischen Wissen und Können eine ärztliche Gewissensentscheidung unausweichlich. In diesem Zusammenhang ist es bemerkenswert, daß die deutsche Sprache sehr sinnvoll zwischen „lebend" und „lebendig" unterscheidet. Das Extrembeispiel ist der sogen. „Apalliker": zwar ein „lebender" Mensch, den man aber sicher nicht „lebendig" nennen kann.

Nicht nur in extremen, aber z. B. in meinem Fachgebiet, der Neurochirurgie, leider alltäglichen Situationen, sondern allgemein, wenn der „Lebenserhaltung um jeden Preis" die Devise des „Rechts auf einen würdigen Tod" entgegengestellt wird, ist dem Arzt zwangsläufig eine Wertungsproblematik aufgebürdet. Das wird in der öffentlichen Diskussion kaum gesehen! Denn über die rein diagnostisch-prognostische Beurteilung hinaus: Ob nämlich mit dem Einsatz der Hilfsmittel eine Lebenserhaltung überhaupt möglich erscheint bzw. der Sterbevorgang noch aufgehalten werden kann, wird erwartet, daß die Anwendung dieser hochwirksamen medikamentösen und biotechnischen Hilfsmittel „sinnvoll" erfolgen und nicht zur Verlängerung eines qualvollen Sterbens führen soll.

Es muß also aus ethisch-humaner Sicht wertend über die zu erreichende Lebensverlängerung entschieden werden. Daß hier eine diffizile Rechtsproblematik mit im Spiele ist, ein Konfliktbereich ärztlicher Gewissensentscheidung/ ärztlicher Eigenmacht/ vom Recht gesetzte Grenzen, muß klar gesehen werden. Ich zitiere den Juristen Gerd Geilen (1973): „Der Tod hat durch den Fortschritt der Medizin eine ganz neue normative Dimension bekommen. Er ist nicht mehr ein ausschließlich pragmatisches, sondern auch ein Wertungsproblem."

An der Todesschwelle ist die wertende Erfassung und Beurteilung medizinischer Befunde und Umstände fraglos besonders kritisch und belastend. Im vollen Umfange kann das wohl nur begreifen, wer erlebt hat, wie grausam – dieses Wort möge hier ruhig erlaubt sein – das Sterben auf Intensivstationen sein kann, ohne daß dabei jemanden ein Vorwurf trifft. Denn die vielleicht später sich zu einer inhumanen qualvollen Sterbensverlängerung entwickelnden Maßnahmen werden ja meist zu einem Zeitpunkt in Gang gesetzt, in dem unter sachverständiger Abschätzung medizinischer Beobachtung und Umstände eine Chance zur Abwendung des Todes gegeben zu sein scheint. Hier begegnen sich eben dramatisch Segen und Fluch gewisser Errungenschaften der modernen Medizin. Wenn es sich auch zahlenmäßig hierbei nur um einen unbedeutenden Anteil von Sterbensabläufen handelt, so haben diese doch einen wesentlichen Einfluß auf die heutige Diskussion um das Sterben im Krankenhaus.

In diesem Zusammenhang sollte kurz die Problematik des Hirntodes angesprochen werden. Den Hirntod – oder wie es auch heißt: den „dissoziierten Organtod des Gehirns" – gibt es überhaupt erst seit zwanzig Jahren, nämlich ebenfalls erst seit mit Hilfe der Wiederbelebungstechniken zwar Herztätigkeit und Atmung wieder in Gang gebracht werden können, nicht jedoch (wenn eine gewisse Zeit von wenigen Minuten verstrichen war) die unterbrochene Blutzufuhr zum Gehirn. Weitaus am häufigsten ist der Hirntod direkte Folge schwerer traumatischer Hirnschädigungen mit tödlicher Gehirnschwellung, durch welche die Blutzirkulation des Gehirns blockiert wird (wodurch früher diese Verletzten unmittelbar starben). Dann erlischt innerhalb sehr kurzer Zeit die Gesamtfunktion des Gehirns, insbesondere die integrative Funktion des Hirnstammes. Das Gehirn stirbt mangels Blutzufuhr schnell ab, während der Blutkreislauf im übrigen Organismus wegen der vom Gehirn unabhängigen Autonomie der Herztätigkeit noch über gewisse, manchmal ziemlich lange Zeit in Funktion gehalten werden kann. Es überlebt – für begrenzte Zeit – ein gehirnloser Organismus.

Schlaglichtartig wird das Dilemma dieser Situation durch die Tatsache beleuchtet, daß es beim Hirntod nicht möglich ist, den Todeszeitpunkt medizinisch genau zu erkennen und biologisch festzulegen. Niemand widerspricht aber heute der Auffassung, daß der Hirntod – selbst bei noch weiterschlagendem Herzen – der Tod des Menschen ist.

Die veränderte Haltung des Menschen gegenüber dem Tod

Es gibt natürlich genügend Gründe, daß die Menschen heute Sterben und Tod anders gegenüberstehen als früher und der Tod in ihrem Denken eine veränderte Rolle spielt. Um dies beispielhaft aufzuzeigen, möchte ich aus 2 Briefen zitieren, einmal dem vor 200 Jahren, am 9. Juli 1778 in Paris geschriebenen Brief des 22jährigen Wolfgang Amadeus Mozart über das Erlebnis des Sterbens seiner Mutter, und zum anderen einen nur wenige Monate alten Brief, den ein Kollege an mich richtete.

Wenige Tage nach dem Tode seiner Mutter, mit der zusammen er nach Paris gereist war, schrieb Mozart an seinen Vater:

„... mein lieber vatter und liebe schwester: – weinen sie, weinen sie sich recht aus – trösten sie sich aber endlich, – bedenken sie, daß es der Allmächtige gott also hat haben wollen – und was wollen wir wieder ihn machen? Wir wollen lieber betten und ihm dancken daß es so gut abgelaufen ist – denn sie ist sehr glücklich gestorben; in jenen betrübten umständen habe ich mich mit drey sachen getröstet, nemlich durch meine gänzliche vertrauensvolle ergebung in willen gottes – dann durch die gegenwart ihres so leichten und schönen Tods, indemm ich mir vorstellte, wie sie nun in einen augenblick so glücklich wird – wie vielglücklicher das sie nun ist als wir, so daß ich mir gewunschen hatte in diesem augenblick mit ihr zu reisen. Aus diesen wunsch, und aus dieser begierde entwickelte sich endlich mein dritter Trost, nemlich, daß sie nicht auf Ewig für uns verlohren ist – daß wir sie wieder sehen werden – vergnügter und glücklicher beysammen seyn werden als auf dieser welt; Nur die Zeit ist uns unbekannt – das macht mir aber gar nicht bang – wenn gott will, dann will ich auch ..."

Und ein paar Tage später ergänzt Mozart – offenbar auf Ersuchen des Vaters – seinen Bericht aus Paris folgendermaßen (31. 7. 1778):

„... – sie wollen eine kleine beschreibung von der kranckheit, und von allen haben? das sollen sie:

Erstens muß ich ihnen sagen, daß meine seelige mutter hat sterben *müssen* – kein Doctor in der welt hätte sie dießmal davon bringen können – denn es war augenscheinlich der wille gottes so: ihr zeit war nun aus – und gott hat sie haben wollen; sie glauben, sie hat sich zu spätt adergelassen – es kann seyn; sie hat es ein wenig verschoben; doch bin ich mehr der Meynung hiesiger leute die ihr das aderlassen abgerathen, und sie ehender, ein lavement zu nehmen, zu bereden suchten – aber sie wollte nicht – und ich getrauete mir nichts zu sagen, weil ich die sachen nicht verstehe, und folglich die schuld gehabt hätte, wenn es ihr nicht wohl angeschlagen hätte – wenn es meine haut gegolten hätte, so hätte ich gleich meinen Consens dazu gegeben – denn hier ist es sehr in schwung – wenn einer ein wenig erhizt ist, so nimmt er ein lavement. Und der ursprung der kranckheit meiner mutter war nichts als innerliche erhizung, wenigstens hielt man es dafür; wie viell man ihr blut gelassen hat, kann ich nicht accurat sagen, weil man hier nicht unzenweis sondern Tellerweis läßt – man hat ihr nicht gar 2 Tellervoll gelassen; der Chyrurgus sagte daß es sehr Nothwendig war – weil aber eine so entsezliche hitze diesen tag war, so getrauete er sich nicht mehr zu lassen; etliche täge war es gut; dann fieng aber der durchlauf an – kein mensch machte aber nichts daraus, weil dieß hier allgemein ist, daß alle fremde die starck wasser trincken das laxieren bekommen ...". Soweit aus Mozarts Bericht.

Und nun der 2. Brief, den ein mir seit langem gut bekannter Kollege, ein Chirurg, an mich richtete:

„Ein Problem bewegt mich und einige andere Kollegen.
Meine Schwiegermutter, von Beruf Apothekerin, 84 Jahre alt, eine sehr kluge und eigenwillige Frau, hat ein Patiententestament vom 10. April 1981, von ihrem Hausarzt gegengezeichnet, hinterlegt. Grund dazu war, daß eine gute Freundin im Alter von 78 Jahren einen Schlaganfall erlitt mit halbseitiger Lähmung rechts und Verlust der Sprache. Diese Frau wäre bald nach dem Insult gestorben, wenn sie nicht monatelang intensiv behandelt worden wäre, und sie ist heute total pflegebedürftig. Meine Schwiegermutter, sie lebte im Seniorenheim, erlitt nun am 16. August d. J. einen Schlaganfall mit Halbseitenlähmung rechts. Vom Notarzt wurde sie in die Innere Klinik des Städt. Krankenhauses eingewiesen und liegt noch dort. Als meine Frau und ich am Abend des Aufnahmetages die Kranke besuchten, war sie noch fähig zu lallen „Ich will sterben".
Wir wußten von dem Patiententestament und haben eine Fotokopie dem behandelnden Arzt gegeben. Die Ursache der Testamenterstellung teilte ich ihm ebenfalls mit (s. obiges Schicksal der Freundin).
Trotzdem läuft die Intensiv-Behandlung mit Dauerinfusionen und Antibiotika und allem weiter. Angeblich ist eine Pneumonie im Abklingen.
Ist der behandelnde Arzt gezwungen, bei einer 85jährigen Frau, die völlig klar bei Bewußtsein ist, allerdings seit dem Tage nach dem Insult nicht mehr sprechen kann, aber auf alle Worte mit Kopfnicken oder -schütteln reagiert, nach dem Testament zu handeln?"

Die Patientin erlitt – so teilte mir der Kollege kurze Zeit später mit – dann nach 5 Wochen einen zweiten Schlaganfall und verstarb 2 Tage später.

Aus Mozarts Brief entnehmen wir, was für Sterben und Tod in damaliger Zeit – und noch weit bis in das vorige Jahrhundert hinein – entscheidend war: die selbstverständliche Annahme des Todes, der als von Gott gesandtes Schicksal widerspruchslos im Sinne der Transzendenz hingenommen wird – „ihre zeit war nun aus", heißt es bei Mozart –; und andererseits die absolute Ohnmacht der damaligen Medizin, die in ihrer ratlosen Geschäftigkeit letztlich über keine anderen „Hilfsmittel" verfügte als Aderlaß und Purgieren.

Diese Hilflosigkeit der Ärzte in früherer Zeit, die Wehrlosigkeit also gegenüber dem Sterben an undurchschaubaren tödlichen Erkrankungen, waren sicherlich ein wesentlicher Grund dafür, daß diese Menschen eine so grundlegend andere Haltung gegenüber dem Tod als metaphysischem Schicksal hatten und demgemäß dieses Todesschicksal nicht als ein Verlöschen in das Nichts auffassen konnten. Nachdem aber die Entwicklung der rationalen naturwissenschaftlichen Medizin dieses früher fast alltägliche Schicksal eines durch akute Krankheiten bedingten, frühzeitigen Todes weitgehend gebannt hat, erscheint ein vorzeitiger Tod durchaus nicht mehr so unentrinnbar. Je besser sich aber die Menschen mit Hilfe der modernen Medizin gegen einen solchen vorzeitigen Tod wehren können und je mehr die Wissenschaft die zum vorzeitigen Tode führenden Krankheitsursachen objektiv ergründet und damit zugleich begreifbar macht, desto weniger bedarf es noch einer Transzendentalphilosophie oder überhaupt der Notwendigkeit, sich – wenigstens bis ins höhere Lebensalter – mit dem Tod auseinanderzusetzen.

Unser zweiter Brief spiegelt dann die heutige zwiespältige Haltung auf ärztlicher Seite gegenüber dem Sterben wider und ist ein Beispiel für die Macht und zugleich Ohnmacht des heutigen Arztes, dem zwar äußerst wirksame Behandlungsmittel zur Verfügung stehen, deren Einsatz jedoch – wie weiter oben dargestellt – viel öfter zum Problem wird – nicht nur in der Sterbephase –, als wir uns eingestehen: Macht und Ohnmacht, verkörpert ebenso in den (ja tatsächlich nur wenigen) hochwirksamen Medikamenten, in den riskanten chirurgischen Operationen wie in dem nicht selten eben zwiespältigen Einsatz der Medizintechnik. Ein paar Erläuterungen dazu: Bei den medikamentösen Heilmitteln geht es vor allem um die Antibiotica, die insbesondere durch die weitgehende Ausrottung der Seuchen die Welt verändert haben (die aber auch ihrerseits tödliche Schäden bringen können), die Herz- und Kreislaufmittel sowie um die Nebennierenrinden-Präparate oder Corticoide, die eine große Rolle spielen, aber ihrerseits in der Anwendung durchaus einer zwiespältigen Problematik unterliegen. Zum Einsatz der Medizintechnik, gerade auch im Umfeld des Sterbens, bemerkt Frau Kübler-Ross nicht zu Unrecht: „... denn Instrumente bedrücken uns weniger als die leidenden Züge eines menschlichen Wesens, das uns wieder einmal an die eigene Ohnmacht erinnert, an unsere Grenzen, unser Versagen, unsere eigene Sterblichkeit".

Die Problematik des Machbarkeitsdenkens

Ohnmacht, Schicksal und Irrationalität, die früher im Bewußtsein um Sterben und Tod die beherrschende Rolle spielten, relativieren die Endgültigkeit des Todes. Dabei ist Schicksal keineswegs als Determiniertheit mißzuverstehen. Vielmehr sind Schicksal und Zufall tragende Elemente der Komplexität auch unseres physikalisch-wissenschaftlichen Weltbildes: Schicksal als Zufall *und* Gesetz, wie das Manfred Eigen darstellt.

Aber „Machbarkeit" als heute mehr oder weniger beherrschendes Prinzip der Weltsicht will Schicksal verdrängen – und hinterläßt an seiner Stelle die Auflösung in ein metaphysisches Nichts. J. E. Meyer weist auf die Unvorstellbarkeit des eigenen Todes hin und folgert daraus, daß der Mensch „als rationales Wesen seine Endlichkeit, seinen Tod als vollständige Vernichtung des Daseins zu akzeptieren (habe), ohne sich darauf in antizipatorischer Weise einstellen zu können" – weil „früher allgemein verbindliche Jenseitsvorstellungen ihre Allgemeingültigkeit und Aussagekraft verloren haben." Dazu hat jedenfalls die moderne Medizin mit beigetragen.

Die Intensivmedizin ist einer der extremen Versuche der Realisierung von Machbarkeit in der Medizin, ein neuer Versuch, die Grenzen der Medizin ein entscheidendes Stück hinauszuschieben. Daß dieser Versuch weit hinter den ursprünglichen Erwartungen zurückgeblieben ist, in wesentlichen Bereichen (und soweit nicht eine „sogenannte Intensivmedizin sich nur so etikettiert) gar als gescheitert anzusehen ist, kann kaum geleugnet werden, wenn man nüchtern hinter die Dinge sieht – ohne daß damit ein Vorwurf erhoben werden soll. Gewiß gibt es beachtliche Erfolge der Intensivmedizin. Nur, ihre Kehrseite erweist die Intensivmedizin eben zu einem nicht kleinen Teil als Fassade vor einer weiterbestehenden Ohnmacht gegenüber dem vorzeitigen Tod. Dies unterstreicht die Radikalität des Todes in unserer heutigen naturwissenschaftlich-rationalen Weltsicht, gegen die sich freilich der Mensch in seinem irrationalen Gefühlsbereich immer wieder wehrt, weil er merkt, daß er an die Grenzen des Humanen stößt.

Hier sei noch ein anderes Moment herausgestellt, dem in unserer zunehmend sakularisierten Gesellschaft vermehrte Bedeutung zukommt. Die persönliche Einstellung gegenüber Sterben und Tod ist zweifellos vor allem auf eine Frage der primären (konstitutionellen) geistig-seelischen Grundhaltung, also im Grunde genetisch bedingt, zurückzuführen und damit wenig beeinflußbar.

Das Denken und Trachten des Menschen ist sehr weitgehend von dieser primären Geisteshaltung, der genetischen Mitgift, bestimmt. Zwischen dem depressiven Hypochonder und dem manisch Überaktiven gibt es die unzähligen Varianten. Der „fröhlich" Veranlagte steht in seinem Denken selbstverständlich Sterben und Tod ganz anders gegenüber als der misanthrope Pessimist – um nur zwei konträre

Haltungen zu nennen –, jedenfalls seitdem mit dem Rückgang religiöser Bindungen ein wesentlicher Ausgleich entfällt. Weniger denn je ist deshalb heute eine einigermaßen einheitliche Haltung gegenüber Sterben und Tod zu erwarten.

Mehr als früher ist das auch eine Frage des Lebensalters. Ich halte es für normal, daß der (einigermaßen gesunde) jüngere Mensch die Gedanken an den Tod „verdrängt", daß der Mensch in seinem aktiven Lebensalter sich durchaus nicht mit seinem Ende beschäftigt. Ich möchte mich hier nicht scheuen, ein persönliches Bekenntnis auszusprechen. Obwohl im 8. Lebensjahrzehnt stehend und damit dem Tod greifbar näher rückend, obwohl in mehreren Jahrzehnten Berufstätigkeit fast täglich dem Sterben anderer in vielfacher Form gegenübergestellt, und trotz nicht nur beiläufiger gedanklicher Beschäftigung mit den naturwissenschaftlichen und philosophischen Problemen des Todes vermag ich dem eigenen Tod (noch?) nicht gelassen, gar in ruhiger Erwartung entgegen zu sehen. Ich würde ihn gern „verdrängen", wenn mich die eigene innere Befindlichkeit nicht immer wieder „bedrängen" würde. Wer wünscht sich nicht ein langes Leben? Die oben dargelegte naturwissenschaftliche rationale Sicht von Leben und Tod entbindet den Menschen ja nicht aus seiner psychischen, das ist hier explizit „seelischen", Komplexität. Dies wurde früher mehr oder weniger automatisch aufgefangen bzw. komplementär kanalisiert im religiösen Glauben und insbesondere hinsichtlich des Todes in den Vorstellungen von einer Transzendenz. Heute, da ein so großer Teil der Menschen dieser Komplementarität entbehrt, bleibt weithin die Verdrängung des Todes als des Ausganges in das Nichts – es sei denn die rationale Ausflucht der Einbettung des Individuums in die Kette der ewigen Evolution im Sinne des obigen Zitates von Unsöld.

In einem eigenartigen Verhältnis zu den Bemühungen der modernen Medizin, noch in das Sterben einzugreifen, stehen deshalb auch die Berichte über „Selbsterfahrungen im Sterben", wie das Eckart Wiesenhütter, selbst Arzt und Psychiater, genannt hat. Sein Bericht und seine Darstellung anderer Erlebnisberichte und die von ihm diskutierten Folgerungen reißen Fragen auf – ebenso wie die gleichartigen, in der Öffentlichkeit mehr bekanntgewordenen Berichte, die der amerikanische Psychologe Raymond Moody veröffentlicht hat –, denen zunächst naturwissenschaftlich nicht beizukommen ist. Es handelt sich um Berichte von Menschen, die gewissermaßen (aber doch nur gewissermaßen) vom Tode („aus dem Tode") zurückgeholt wurden, die schon für tot gehalten worden waren bzw. tot schienen, dennoch „ins Leben zurückkehrten", wie man so sagt. Das Buch von Moody mit dem Titel „Leben nach dem Tod" heißt im englischen Original allerdings „Leben nach dem Leben" (Life after life). Natürlich waren diese Menschen nicht schon wirklich tot, wie z.T. unzutreffend interpretiert wird. Immer handelt es sich um *akute* dramatische Eingriffe ins Leben, um mit Bewußtseinsverlust oder mindestens hochgradiger Einengung des Bewußtseins verbundene Ereignisse. Dabei ist in der Tat höchst überraschend die Ähnlichkeit, ja Gleichförmigkeit der berichteten Bewußtseins- oder „Erlebnis"-abläufe. Dieser „Blick nach drüben" – um die eindrucksvolle Formulierung Wiesenhütters zu gebrauchen – mündet fast ausnahmslos nach einer wohl im Unterbewußtsein „erlebten" Ablösung des Ich von der Körperhülle in ein unbeschreibliches Glücksgefühl, ein Gefühl unendlicher Freiheit. Die Rückkehr in das wache Bewußtsein wird regelmäßig als tiefe Enttäuschung empfunden. Wie gesagt: diese Menschen waren nicht wirklich tot. Moody spricht treffend von „Todesnähe-Erlebnissen", und Wiesenhütter betont ausdrücklich, daß ein solches „Sterbeerleben" noch immer entfernt sei vom „realen Totsein". Deswegen kann auch nicht von einem „Übertritt in eine andere Existenzform" die Rede sein, können diese Erlebnisse nicht als Pendant eines Weiterlebens nach dem biologischen Tod aufgefaßt werden. Zwar wird es von den Betroffenen tatsächlich als ein „Hinübergleiten des Geistes oder der Seele in eine andere Dimension der Wirklichkeit" empfunden. Aber das ist natürlich keine Wirklichkeit, sondern ein Erlebnis im Unterbewußten.

Wiesenhütter weist mit Recht darauf hin, daß uns die Tiefenpsychologie gelehrt hat, daß zwischen (wachem) Bewußtsein und Bewußtlosigkeit keine scharfe Trennung besteht, daß es vielmehr Übergänge dessen, was wir als Unterbewußtsein bezeichnen, gibt. Ob man hier einen besonderen „transzendenten Sinn" im Bereich des Unbewußten postulieren will, der wenigstens in solchen geistig-seelischen extremen Ausnahmesituationen als „Übergang in eine andere Seinsebene" (Kübler-Ross) im Unterbewußtsein empfunden wird – darüber mag man im Bereich der Tiefenpsychologie nachdenken. Die reale Welt wird ja aber auch im Traum von uns verlassen. Sicher ist jedenfalls, daß es sich hier um äußerst akute geistig-seelische Abläufe handelt, die sich diesseits der Todesgrenze abspielen und denen durchaus körperlich-organische, also materielle physiologische Vorgänge (etwa im Sinne von Katastrophenreaktionen) im Gehirn zugrunde liegen dürften. Der „Blick nach drüben" findet durchaus im Diesseits, wenn auch hart an der Grenze, statt. Als „Beweis" für ein Weiterleben nach dem Tode, in welcher Weise oder „Seinsebene" auch immer, kann das alles sicherlich nicht gelten. Es liegt aber in der Phase zwischen Leben und Tod, die nicht für viele eine Rückkehr zuläßt und die daher zum Irrationalen für den Menschen gehört, wo Wissen und Glauben nicht zu trennen sind.

Konkrete ärztlich-psychologische Fragen der Hilfe im Sterben

Hier dominiert die Frage: Wird dem Kranken vom Arzt (und wir beziehen die Pflegekräfte gleich mit ein) im allgemeinen, wie es heute vielfach behauptet wird, „Hilfe im Sterben" versagt bzw. versagt der Arzt gegenüber dem sterbenden Patienten?

Es kommt natürlich darauf an, was der Begriff „Sterbehilfe" umfassen soll oder was man unter Hilfe im Sterben verstehen will. Muß es Unwillen oder gar Empörung auslösen, wenn ich ketzerisch die Gegenfrage stelle, ob und wieweit denn dem Arzt überhaupt die Aufgabe oder berufliche Verpflichtung zukommt, dem Patienten im Sterben beizustehen, Sterbehilfe zu leisten. Das hat der Arzt doch eigentlich auch früher nicht getan, zu keiner Zeit; schon gar nicht, als Sterben nicht im Krankenhaus, sondern zumeist in der Familie vor sich ging oder auch in späterer Zeit im Krankenhaus. Ist Sterbehilfe nun, da so viele Menschen im Krankenhaus sterben, wenigstens im Krankenhaus seine Pflicht geworden? Besonders den Krankenhausärzten wird ja heute vorgeworfen, daß sie, wenn das Sterben beginnt, sich nicht mehr um den Patienten kümmern. Um jedem Mißverständnis zu begegnen: Selbstverständlich ist es ärztliche Aufgabe, auch beim Sterbenden, soweit erforderlich und möglich die ärztlichen Mittel einzusetzen, um Schmerzen und körperliche Pein zu lindern. Übrigens schwinden gewöhnlich die körperlichen Beschwerden in der finalen Sterbephase, während des eigentlichen Sterbevorgangs, infolge zunehmender Einengung des Bewußtseins.

Gewiß soll sich der Arzt nicht vom sterbenden Kranken abwenden. Aber ich meine, Sterbebegleitung ist nicht selbstverständliche ärztliche Aufgabe. Es ist allgemeine menschliche Aufgabe, für die der Arzt nicht von Berufs wegen zuständiger ist als andere. Heute taucht ja schon der Begriff „Sterbetechnik" (nicht etwa auf Selbstmord bezogen) auf. Geht das den Arzt an?

Anders ist es freilich, wenn man die „Sterbehilfe" sehr viel weiter faßt, im Sinne von Frau Kübler-Ross, also ärztlich-psychologische Begleitung des unheilbar Kranken während des oft wochen- oder monatelangen Krankheitsverlaufes bis zum Tode; wenn klar ist, daß eine eigentliche Heilbehandlung nicht mehr möglich ist. Weder die Fortsetzung nutzloser Heilmaßnahmen noch den Kranken sich selbst zu überlassen ist dann angemessenes ärztliches Verhalten. Hier ist psychologische Führung ärztliche Aufgabe. Das gilt aber für die Zeit, *bevor* der eigentliche Sterbevorgang beginnt. Und auch hier gilt, daß das Bedürfnis der Patienten und deren Mentalität sehr unterschiedlich sind, andererseits die Art und Weise des ärztlichen Verhaltens nicht genormt werden kann. Weder kann es eine normierte „Sterbetechnik", die dem Kranken beigebracht werden soll, noch eine normierte Form der ärztlichen Sterbehilfe oder besser der Sterbebegleitung geben.

Keinesfalls ist es erst eine Entwicklung unserer Zeit, daß der Arzt sich vom sterbenden Kranken zurückzieht; ich vermeide das Wort „abwendet". Wir brauchen nicht ins Altertum zurückgehen, da es den Ärzten im alten Griechenland wenn nicht verboten, so doch nach der Standesregel geboten war, die unrettbar Kranken sich selbst zu überlassen. Es sei erlaubt, hier noch einmal aus Mozarts Brief zu zitieren:

„... – den 26. besuchte der Doctor sie wieder; stellen sie sich in meine Person, als er mir so unvermuthet sagte – „ich fürchte, sie wird diese Nacht nicht ausdauern und kann ... in einem augenblick weg sein – mithin sehen sie daß sie beichten kann."

Damit zog sich der Arzt zurück, und Mozart ging in die Nacht hinaus, um einen Priester zu suchen. –

Wir älteren Ärzte, die wir noch der vorigen Generation angehören, wissen doch, daß früher im Krankenhaus die

Betreuung des Sterbenden den Krankenschwestern, die ja zum größten Teil religiös-karitativen Organisationen angehörten, sowie der Geistlichkeit zufiel. Und das war, meine ich, richtig und gut so. Daß mit der totalen Säkularisierung der Pflegeberufe und dem nahezu radikalen Verlust des karitativen Hintergrundes dieser Berufstätigkeit sich hier eine tiefgreifende Änderung vollzogen hat, liegt doch ausschließlich im allgemeinen Trend der Zeit, der dazu geführt hat, daß sich karitatives Gebahren – um es pointiert auszudrücken – darin erschöpft, Geld für die Armen der Dritten Welt zu sammeln, während der bedürftige nächste Nachbar sich selbst (oder der Gemeindeschwester) überlassen bleibt. Wer will denn erwarten, daß sich im Arztberuf und in den Pflegeberufen nur nostalgisch-karitative Gemüter sammeln?

Die zunehmende Verlagerung des Sterbens ins Krankenhaus und zugleich die dortigen tiefgreifenden personellen Veränderungen prägen die derzeitige Situation. Aber es sind doch weniger die Ärzte, die die Sterbenden ins Krankenhaus ziehen. Es ist die Gesellschaft, die sie ins Krankenhaus schickt. Das braucht nicht unbedingt abwertend verstanden zu werden.

Natürlich gibt es auch heute noch Ausnahmen. Ich war kürzlich zufälliger Zuhörer bei dem Bericht eines schleswig-holsteinischen Bauern, der das friedliche, ja in gewisser Weise fröhliche oder glückliche Sterben seines 78jährigen Vaters im Kreise der Familie schilderte. Aber für die ganz große Mehrzahl unserer Mitmenschen erlauben das ja schon die äußeren Umstände nicht mehr. Ich habe nicht umsonst erwähnt, daß sich dieser Sterbefall bei einem schleswig-holsteinischen Bauern vollzog. Hier war eben die Voraussetzung für ein solches Sterben: Die Einbettung in einen größeren ortsständigen Familienkreis und die Einbindung in den religiösen Glauben gegeben.

Die vielbeklagte „Entpersönlichung" im Verhältnis zwischen Krankem und Arzt im Verlauf des letzten halben

Jahrhunderts als Teilerscheinung des allgemeinen gesellschaftlichen Wandels trägt dazu bei, die karitative Beziehung zwischen Krankem und Arzt mehr und mehr in eine nüchterne Geschäftsbeziehung umzuwandeln. Dazu kommt, daß der wissenschaftlich-medizinische Fortschritt, dessen notwendige Voraussetzung – das sollte stets bedacht werden – die Loslösung der Krankheit vom kranken Menschen war, zwangsläufig die Krankheit zum Objekt, aber in der Folge auch den Kranken selbst zum Objekt hat werden lassen. Ganz bewußt bemühen sich zwar die Ärzte seit einiger Zeit, neben der unumgänglichen Analyse der Krankheit den Kranken selbst wieder als individuelles Subjekt in den Mittelpunkt ihrer Bemühungen zu stellen. Eine anthropologische Medizin wird wieder propagiert. Im Rahmen der Intensivmedizin freilich hat es sicherlich seine besonderen Schwierigkeiten, zu verhindern, daß der oft bewußtlose oder schwer bewußtseinsgestörte, an die Beatmungsmaschine angeschlossene oder von dem umfangreichen technischen Aufwand umgebene sterbende Patient aufhört, eine Person zu sein (wie das Frau Kübler-Ross einmal ausdrückt).

Im Rahmen der allgemeinen Verrechtlichung und Verbürokratisierung der zwischenmenschlichen Beziehungen wird auch die autonome ärztliche Verantwortung – ein Grundelement ärztlichen Wirkens – in immer engere Fesseln gelegt. Was uns aber heute besonders Sorge bereitet, ist die Tatsache, daß mit der Entwicklung der technischen Hilfsmittel die Ärzte es mehr und mehr verlernen, ihre drei wichtigsten Sinne: Sehen, Hören und Tasten, also die unmittelbare persönliche Krankenuntersuchung einzusetzen und statt dessen selbst in der Sterbephase die Apparate und Maschinen vorschicken. Aber auch das betrifft keineswegs nur die ärztliche Tätigkeit. Der Apparat beherrscht auch mehr und mehr die Tätigkeit und das Verhalten des übrigen medizinischen Personals – aber bekanntlich auch viele andere berufliche Tätigkeiten.

Wir sollten aber auch nie vergessen: Es ist ein sehr erheblicher Unterschied, ob es sich um das akute Sterben eines 25jährigen Straßenunfall-Opfers oder eines 65jährigen ausgezehrten Krebskranken handelt. Sich gegen den Tod verzweifelt und mit allen Mitteln zu wehren, liegt beim Unfallverletzten im elementaren Interesse aller. Beim unrettbaren Krebskranken ist fast alles anders! Die Ärzte finden heute mitunter schwer zu der Auffassung, daß der Tod auch Erlösung sein kann, und zu dem dafür angemessenen Handeln und Verhalten. Die anonyme Öffentlichkeit will den Arzt teils als unentwegten Macher sehen, teils wirft sie ihm die in den hier zur Diskussion stehenden Bereichen oft unausweichliche wertende Alternativ-Entscheidung vor.

Carl Friedrich v. Weizsäcker hat einmal folgende Definition von Philosophie gegeben: „Philosophie stellt diejenigen Fragen, die nicht gestellt zu haben die Erfolgsbedingung des wissenschaftlichen Verfahrens war." Abgewandelt ließe sich das so sagen: Auf der Kehrseite aller wissenschaftlichen Erkenntnis – in unserem Falle hinsichtlich der Ursachen des unzeitigen Todes – bleibt immer Raum für metaphysische oder philosophische Fragen, wobei es hier besonders um die Überlegungen zur ärztlichen Ethik geht. Die Sinnfragen stehen allemal jenseits der rationalen wissenschaftlichen Erkenntnis. So stellt der Naturwissenschaftler am Ende – wie seit eh und je – fest, daß er zur Sinnfrage eigentlich nichts beigetragen hat. Dies sei ohne Resignation ausgesprochen. Ich finde – im Gegenteil – diese ewige Ambivalenz des wissenschaftlichen Fortschritts tröstlich. Denn sie zwingt uns immer wieder zurück in die unentrinnbaren Grenzen des Humanen.

Vgl. die zitierte Literatur im Literaturverzeichnis am Ende des Buches.

Todeserfahrung und Todesbewältigung in anderen Religionen als Frage an die Christen

Von Horst Bürkle

Flucht ins Leben zurück

Als ich Abschied nahm in einem jener gastfreien Klöster auf dem Berge Athos, führte mich einer der Mönche in das nahegelegene Beinhaus. Sorgfältig aufgereiht, mit Namen und Sterbedatum versehen, befanden sich dort Schädel der verstorbenen Angehörigen der Klostergemeinschaft. Es galt, eine Bitte meines Gastgebers zu erfüllen: Er hatte den Wunsch geäußert nach einem Foto, das ihn zusammen mit den Schädeln der ihm aus gemeinsamem Leben vertrauten Mitbrüdern zeigt. An diesem Ort war es deutlich: Der Tod ist hier nicht Trennung für immer, das Ins-Vergessengeraten und das endgültige Fortsein. Im Gebet, in der Liturgie und in der sakramentalen Feier dieser Männer weitet sich die kleine Schar zur triumphalen Gemeinschaft der *ecclesia triumphans*. Sie leben nicht nur in ihrer überschaubaren Klostergemeinde, sondern als Teil der umfassenden mystischen Einheit des Leibes Christi, der auch ihre Toten einschließt. Der Glaube und seine fromme Praxis läßt die Jahre dieses Lebens als Vorspiel ewiger Zusammengehörigkeit erscheinen. Im Lichte des Bleibenden erscheint darum auch schon das Gegenwärtige.

Vieles von dem, was uns im Zusammenhang des Todes in anderen Religionen begegnet, liegt näher an dieser dem christlichen Glauben eigenen Haltung gegenüber dem Tod und den Toten als die flüchtige Haltung des säkularisierten Menschen unserer Tage. Er verdrängt den Gedanken an den Tod, verschweigt seine Nähe und unterwirft, wenn er eingetreten ist, seine Erscheinungsformen einer dem Leben nachgebildeten Kosmetik. Es gibt eine umfangreiche Literatur, die sich der Untersuchung dieser Tendenzen widmet. Verdrängung und Verniedlichung des Schrecklichen ist unter psychologischem Gesichtspunkt ein Indiz dafür, daß hier das Unerträgliche – wenn auch auf falsche Weise – bewältigt werden will. Was im überschaubaren Rahmen des Möglichen und Machbaren nicht unterzubringen ist, wird aus diesem Lebenshorizont hinausgedrängt in die Schweigezone des Annulierten. Was die Voraussetzungen dieses wie nie zuvor bestimmbar erscheinenden Daseins nicht teilt, fällt durch den Raster hindurch, nachdem sich Wert und Wirklichkeit bestimmen.

Wir verzichten in unserem Zusammenhang darauf, danach zu fragen, wie sich solche Flucht ins Leben zurück vor dem Tode in ihren vielfältigen Fluchtweisen darstellt. Ihre krasseste Form erreicht sie im sogenannten Freitod. Er ist der äußerste Ausdruck dafür, daß auch noch die Grenze dieses Lebens in die eigene Planung und Verfügung einbezogen wird. Die Daten, aus denen sich diese Entscheidung ergibt, liegen verfügbar im Bereich aller anderen Gründe und Erwägbarkeiten. Sie resultieren ausschließlich aus dem Überschaubaren.

„Nach droben ist die Aussicht uns verrannt, Tor – wer dorthin die Augen richtet". Fragt man nach der Grundhaltung, die den Barrieresituationen des modernen Menschen hinsichtlich des Todes zugrunde liegt, so wird man von dem Verlust jener Perspektive ausgehen müssen, die den Tod transparent werden läßt im Blick auf das Danach. Daß der Tod selber niemanden und nichts mehr über und außer sich zu haben scheint, macht ihn unerträglich. Die Verrechnung ins Diesseitige, der analoge Umgang mit ihm nach den Maßstäben der eigenen durchmessenen Existenz, sind dann die einzige verfügbare Möglichkeit der ‚Todesbewältigung'.

Anfragen an die kirchliche Verkündigungspraxis: Gegen den Verlust christlicher Hoffnungsinhalte

Teile der kirchlichen Praxis haben sich evangelischerseits dieser Verlustsituation des modernen Menschen anpassen zu müssen gemeint. Das Handeln am Toten und am Grabe konzentriert sich dann auf die Trostfunktion gegenüber den noch Lebenden. Es erscheint angesichts leerer werdender Kirchen als die willkommene Gelegenheit zur „Verkündigung" vor einem sonst selten präsenten Zuhörerkreis. Das Leben des Verstorbenen rückt in den Vordergrund. Die Grabessituation wird zum Anlaß einer breitwandigen Rückblende ins Leben hinein. Auch hier muß nicht selten retuschiert und „geschnitten" werden. Hinzu tritt die gegenwärtige Situation der Hinterbliebenen. Der Versuch der Tröstung bleibt oft genug deswegen ein doch nur „immanenter", weil die neue Wirklichkeit, die den in Christus Gestorbenen und Auferstandenen (Kol 2, 12; 3, 1) umfängt, nicht zugänglich wird. Sie schrumpft zur fernen Zukunftsansage eines Dann-einmal, dann nämlich, wenn diese Weltgeschichte am Ende der Tage beschlossen sein wird. Bis dahin aber erstreckt sich die Schweigezone. Verkündigung und sakramentales Handeln der Kirche reichen dort nicht mehr hin. Der aufgeklärte Theologe verbietet sich „den Blick nach droben". Der Gedanke an die Toten, die Vorstellung, daß es in der neuen nachösterlichen Auferstehungswirklichkeit auch eine Einheit von Lebenden und Toten im gegenwärtigen Leibe Christi geben könnte, scheint einer vergangenen Metaphysik anzugehören. Jesus Christus – auferstanden von den Toten und hinabgestiegen in das Reich der Toten – wird zwar sonntäglich im Credo der Gemeinde bekannt; aber diesen Bereich der Toten, in dem Christus gegenwärtig ist, in eine lebendige Beziehung zum Glaubensleben der Gemeinde zu setzen, erschiene als Rückfall ins mythische Denken. Die Selbstverständlichkeit, mit der die frühen Christen sich in Christus ins Verhältnis zu ihren Toten zu setzen vermochten, bleibt eine exegetische Verlegenheit. Wie soll man sich als „moderner" Theologe, dem es um Aktuelles in dieser und jener Hinsicht geht, auf die neutestamentliche Praxis beziehen, nach der sich Lebende stellvertretend noch einmal für ihre ungläubig verstorbenen Angehörigen taufen ließen (1 Kor 15,29)? Sind das nach protestantischen Maßstäben nicht finsterste Relikte einer ins Magische tendierenden Sakramentsauffassung? Nicht nur ein aus seinem Vollzug heraus wirkendes sakramentales Handeln (die verpönte Formel vom *opus operatum*), sondern auch eine abseits aller persönlichen Glaubensdisposition übertragbare Fernwirkung für längst Verstorbene?

Mittelalterlich und damit fragwürdig erscheint der Trost, den der Glaube für Verstorbene im Blick auf das letzte Gericht schöpft, wenn mit dem Tode in Christo nicht alles aus ist, sondern es eine Phase der Läuterung gibt. Die Vorstellung vom Fegefeuer wurde dadurch reformbedürftig, weil sie mit erwerbbaren Ablässen der ‚Vorplanung' im Diesseits ausgeliefert worden war. Aber der Verlust dieser Hoffnung vermag die Fürbitte für die Toten und die Verheißung, die sie für sie vor Gott haben, damit nicht zu zerstören. Daß Christus für uns vor dem Vater eintritt, ist kein Dispens dafür, daß wir nicht in seinem Namen und vor ihm für einander einzutreten hätten. Dies schließt nach biblischem Zeugnis und nach der Lehre der Kirche unsere Toten mit ein. Die Wirklichkeit eines ‚Zwischenzustandes', konkret als die Vorstellung des Fegefeuers als einer Phase der Läuterung, erfüllt eine doppelte Funktion: Christlicher Glaube und christliche Hoffnung lassen es nicht zu, daß mit dem Eintritt des physischen Todes das letzte Wort über den Menschen gesprochen ist. Die Bilanz des gelebten Lebens unterliegt nicht einem göttlichen Computermechanismus. Sie ist korrigierbar in den Augen Gottes, nicht zuletzt durch gewagten Glauben und Gehorsam derjenigen, die darin dem Stellvertretungsprinzip Christi selber folgend, ihre Toten beteiligen. Zwischen einem mechanischen verrechnenden Endgericht und einer alles Gewesene ignorierenden Permissivität einer verfälschten Gnadenhaftigkeit am Ende der Welt liegt die neutestamentliche Wahrheit: Der Gott, der im Sohn sein Du zu uns gesprochen hat, uns beim Namen ins Leben gerufen hat und aus ihm abberuft, beendet dieses personale Verhältnis zum Menschen nicht im Tode. Die Wirklichkeit danach ist nicht weniger durch Gott bestimmt, als es schon in diesem Leben durch die vielfältigen Ausdrucksweisen des Glaubens geschieht. Darum reichen Gebete, Fürbitte, sakramentale Einheit im Herrn und jedes gläubige Sich-verhalten über die Schwellengrenze des physischen Todes hinaus und in die Gemeinschaft mit denen hinein, die schon vor uns diese Schwelle übertreten haben.

Wir stehen heute vor der Frage, wie diese Aspekte des Todes für eine Zeit wieder zugänglich werden können, die es unter einem doppelten Gesichtspunkt schwer hat, Zugang zu ihnen zu finden. Zum einen ist es die oben angesprochene ‚Verdiesseitigung' auch des Todeserlebens. Zum anderen ist es aber gerade diese Situation, die den fruchtbarsten Mutterboden abgibt für zahlreich ins Kraut schießende Todestheorien und okkulte Praktiken. Sie sind ein nicht zu übersehender Hinweis darauf, daß sich der Mensch auf die Dauer die Ghettoisierung des Todes durch Akkomodation ans Diesseits nicht zumuten läßt. Der Verlust christlicher Hoffnungsinhalte ist begleitet und gefolgt vom Aufbruch ins Okkulte. Die Absage an den religiös legitimierten Glauben führt nicht nur in den Unglauben, sondern gleichzeitig in den Aberglauben.

Diesen Sachverhalt sollte der christliche Theologe vor Augen haben, wenn er sich einzelnen Aspekten des Todes in nichtchristlichen Religionen zuwendet. Welche Hinweise liegen hier, um auf latent oder rezessiv gewordene Traditionen im Zusammenhang der Todesthematik aufmerksam zu werden? Die Frage ist dort unmittelbar bedrängend, wo in der missionarischen Begegnung mit Menschen aus diesen anderen Religionen das christliche Zeugnis Antworten darauf zu geben hat. Sie hat angesichts einer weltweiten Interdependenz von Kirche und Theologie aber auch dort ihre Bedeutung, wo – wie in unserer gegenwärtigen Lage – Impulse des christlichen Dialogs mit anderen Religionen hilfreich sein können.

Sterben in Gemeinschaft

Kaum ein Ereignis hat in den verschiedenen Religionen der Völker für die übrige Gemeinschaft eine solche Bedeutung wie das Sterben eines Menschen. Besonders deutlich wird dies in den Riten, die in afrikanischen Stammesreligionen das Todeserleben begleiten. Der Tod ist der entscheidende Übergang in eine Existenzweise, die für alle Lebenden von erhöhter Bedeutung ist. Der Tod trennt nicht einfach, sondern verbindet auf neue und andere Weise Lebende und Abgeschiedene. Gerade dieses letztere Wort umschreibt besser als die Bezeichnung „Toter" die Vorstellung, die wir hier antreffen. Die Zusammengehörigkeit mit den Ahnen als den unsichtbaren, aber wirkungskräftigen Gliedern der Gemeinschaft, ist in aller Bewußtsein. Sie findet ihren Ausdruck im gelebten Stammesglauben: im anrufenden Gebet, in den mannigfachen rituellen Verrichtungen oder in der divinatorischen Vergegenwärtigung ekstatischer Geisteinwohnungen. Immer sind es die ‚höheren Machtträger' in Gestalt der wiederkehrenden Geister der Verstorbenen, von denen Wohl und Wehe der Gemeinschaft abhängt.

Weil hier mit dem Tode nicht alles aus ist, sondern eine sehr wesentliche neue Existenzweise und damit Kommunikationsbasis mit den Lebenden beginnt, darum wenden die Menschen diesem Ereignis ihr ganzes Interesse zu. Trauer und Erwartung gehen hier Hand in Hand. Natürlich bedeutet er für die Angehörigen auch Verlust und Abschied und damit Schmerz. Klage und Gebete afrikanischer Stämme, die uns bekannt sind, bringen das erschütternd zum Ausdruck. Aber die Klage geht über in die Erwartung dessen, der, von jenseits der Todesschwelle kommend, sich als der zugehörige Mächtige hilfreich und beschützend erweist. Diese auf die Zukunft des Toten gerichtete Erwartung kommt in einem Lied des Edo-Stammes zum Ausdruck, das die Leichentänze begleitet: „Mein Vater: Du wirst bald wiederkommen, Du wirst fortgehen und du wirst bald wiederkommen."[1] In solcher neuen Beziehung enthüllt sich dann erst das wahre Wesen dessen, der lebend anwesend war. Der Übergang in die Situation nach dem Tode führt in das Eigentliche. Für den afrikanischen Menschen erweist sich dies in der nun eröffneten neuen Beziehung zu ihm. „Jetzt bist du tot wie ein Topf, der zerbrochen ist. Vielleicht war dein Herz gut; vielleicht war es aber auch böse ... Ob dein Herz gut war, das werden wir morgen sehen. Dann werden wir dein Herz entdecken. Jetzt bist du tot. Deine Worte sind nichts. Du selbst bist nichts. Morgen aber werden wir alles wissen."[2] So wird in einer Grabrede der Lugbaras der Akzent deutlich auf das kommende Neue der Beziehung zum Verstorbenen gesetzt. Hinter ihm verblassen die Spuren, die er in diesem Leben hinterlassen hat. Die durch den Tod eröffnete neue Beziehung zählt weit mehr.

Wir ersparen uns den Überblick über die mannigfachen sakralen Handlungen, die einen solch entscheidenden Übergang begleiten. Von den Handlungen an der Leiche selber über die oft langen Perioden der Totenwachen und ihres kasuistisch geregelten Zeremoniells bis zu den ausgedehnten Bestattungsriten selber und den sich anschließen-

---

[1] *R. E. Bradbury:* Father and Senior Son in Edo Mortuary Ritual. In: *M. Fortes* u. *G. Dieterlen* (Hg.): African Systems of Thought. London 1965, S. 100

[2] *J. Middleton:* Lugbara Religion. Ritual and Authority among an East African People. London ²1964, S. 201 f.

den besonderen Verhaltensweisen für die Hinterbliebenen in der Zeit danach – dies alles ist bestimmt durch und ausgerichtet auf die erwartete neue Beziehung. Der Tote verschwindet nicht in ein Abseits des Vergessens, sondern er bleibt, ja – wird in neuer Weise integrales Glied der Gemeinschaft.

Es bedarf keines Hinweises darauf, in welchem kontrastreichen Gegensatz dies alles zum Verschweigen und Verdrängen des Todeserlebens in unserer säkularisierten Zeit steht. Vom christlichen Verständnis des Todes her bleibt das wesentlich Naturhaft-Heidnische dieser Deutung festzuhalten. Der fließende Übergang in die neue Verfaßtheit des Ahnengeistes, die sozusagen auf natürlichem Wege sich ergebende „Wiedergeburt", die Verlängerung des Diesseitigen in das Jenseitige – dies alles als Ausdruck einer in sich geschlossenen monistischen Welterfahrung steht im krassen Gegensatz zum biblischen Auferstehungsglauben. Daß dort, wo der Sieg Christi als die neue österliche Erfahrung Gestalt gewann unter afrikanischen Menschen, die Opfer über den Ahnengräbern aufhörten, war ein konsequenter Ausdruck dieses Gegensatzes. Eucharistische Gemeinschaft mit dem auferstandenen und darum gegenwärtigen Gottessohn und die Opfer und das Gebet an die Ahnen schließen sich aus.

Dennoch liegen in diesen religiösen Traditionen afrikanischer Völker Hinweise auf eine biblische Dimension des Todes, die gerade auf dem Hintergrund heutiger Verhaltensweisen wichtig wird. Christlicher Glaube weiß darum, daß der Sterbende nicht in die Zone des Vergessens und der letzten Anonymität entschwindet. Er bleibt Glied der Gemeinschaft, in die er durch Taufe und Bekenntnis als Teil des umfassenden Christusleibes geheimnisvoll vergliedert wurde. Für diese Einheit von Lebenden und Toten, die uns das apostolische Zeugnis immer wieder deutlich vor Augen stellt, ist der Tod nicht die Grenze. Er ist Durchgang, ja – „Metamorphose" (2 Kor 3, 18) in bezug auf eine neue Weise der Christuszugehörigkeit. Nach ihr kann sich der Apostel darum sehnen (2 Kor 5, 8; Phil 1, 23). Um ihretwillen lassen sich die ersten Christen für ihre vor Christus verstorbenen Angehörigen noch einmal taufen. Sie sollen sozusagen nachträglich, nachdem es zu Lebzeiten nicht mehr möglich war, in diese dem Herren zugehörende Gemeinschaft eingeholt werden (1 Kor 15, 29). Darum erhalten alle Gebete und jede sakramentale Einigung mit dem Auferstandenen auch ihre Bedeutung in bezug auf die, die im Herrn verstorben sind und in ihm leben. Diese Verbundenheit *en Christo*[3] kann darum gegenüber den Beziehungen, die diese Lebensjahre zwischen Menschen ermöglichten, die ungleich stärkere und wirklichere sein. Sie eröffnen eine Zukunft, die Ewigkeitscharakter hat. Solche Verbindung unterliegt nicht mehr den Einschränkungen und Bedingungen diesseitiger Kommunikation, wie sie im Bilde des Unschärfen unterworfenen Blickes durch einen getrübten Spiegel (1 Kor 13, 12) zum Ausdruck kommt. In dem in der Mahlgemeinschaft gegenwärtigen Herrn haben auch die Verstorbenen ihr neues Leben. In ihm sind sie mit gegenwärtig, insofern die sakramentalen Gaben Teilhabe an dem Leibe Christi bedeuten. Zu ihm gehören auch die Toten.

Von der Unfähigkeit zu trauern zur Fähigkeit neuer Gemeinschaft

Wenn der heutige Mensch nach Mitscherlich[4] nicht mehr zu trauern vermag, darf uns das nicht nur als ein psychologisch definierbares Handicap beschäftigen. Trauer und be-

---

[3] Vgl. dazu den Art. *en* (Abschn. 3 und 4) im Theol. Wörterbuch zum NT, hg. v. *G. Kittel*, Bd. II, S. 537 ff.
[4] *Margarete und Alexander Mitscherlich*, Die Unfähigkeit zu trauern. Grundlagen kollektiven Verhaltens. München 1968

gründeter Trost bedingen sich gegenseitig. Trauer für sich vermag nicht zu bestehen. Wo es nicht mehr die Aufhebung des Schmerzes gibt, wo die Trauer ohne Hoffnung bleibt, setzen die Selbsthilfemechanismen der menschlichen Psyche ein. Sie funktionieren auf Kosten der Entmenschlichung des Menschen. Darum kann es beim psychoanalytischen Lamento über den Verarmungszustand des modernen Menschen nicht bleiben. Es bedarf wieder einer Eröffnung des Zugangs zu jenem größeren Zusammenhang, in dem der Mensch nach christlichem Verständnis als Lebender und als Toter zu stehen kommt. Wenn Martin Heidegger in der ständigen Antizipation des Todes für die gegenwärtige Existenz die für sie entscheidende Möglichkeit ihrer Selbstverwirklichung sieht, dann liegen darin deutliche Erinnerungen an die christliche Gewißheit, die nicht aus dem Gegenwärtigen, sondern aus dem Zukünftigen schöpft. Das Verheißene stellt das gegenwärtige Erfahrbare in den Schatten. Die unaufhebbare Einheit, in die die neue „Verwandtschaft" in Christus (Matth 12,49) stellt, läßt ihre jetzigen Bezüge unter Lebenden noch als das Vorläufige erscheinen. Deutlicher vermag sie im Danach zu werden, wenn „von Angesicht zu Angesicht" geschaut wird (1 Kor 13,12).

Wenn wir nach möglichem Trost angesichts des Todes fragen, geht es um Zugang zu dieser Wirklichkeit. Nur in der Zuwendung zu dem, was uns stärker zu bestimmen vermag als dasjenige, um das der Mensch im Verlust trauert, kann Trost liegen. Alles andere kann nur unfähig zur Trauer machen, weil es vertröstet und Trauer nicht mehr in Trost zu verwandeln mag. Frustrierte Trauer entläßt sich deshalb selbst in die Sinnlosigkeit und wird damit zur Unfähigkeit.

Wenn man auf eine Grundhaltung in den Religionen Indiens gegenüber der Todeserfahrung blickt, so wird hier die Rolle gerade dieses „Zugangs" deutlich. Es ist oft davon die Rede gewesen, daß der asiatische Mensch keine Trauer gegenüber dem Erleben des Todes an den Tag lege. Ich bin mir dieser Verallgemeinerung gar nicht so sicher. Fest steht, daß er, sofern er in den religiösen Traditionen seiner Väterwelt noch zu Hause ist, auch den Tod in einem ihn umgreifenden größeren Zusammenhang sieht. Die Ausrichtung auf die neue kommende Wiedergeburt vermag dieses Erleben zu relativieren. Es nimmt ihm seinen Schlußpunktcharakter, die Endgültigkeit des Unwiederbringlichen. Daß es in ewiger Wiederkehr und über alles bloß individuelle Sein in kosmischer Vergliederung unendlich weitergeht durch eine unabsehbare Folge neuer Existenzweisen, stiftet eher Lethargie, jedenfalls keinen Trost. Es ist letztlich das Gegenmodell zur Einzigartigkeit der Person und ihrer je-eigenen Bestimmung durch das göttliche Du, wie sie christlicher Glaube kennt. Angesichts einer Ewigkeit, die ein definitives Ende der Geschichte und dieser Welt ist, erhält jeder Augenblick in dieser Zeit seinen einzigartigen Ewigkeitsbezug. Kein perpetuierendes Noch-einmal vermag hier über die einzelne Stunde oder über die letzte Stunde des Lebens hinwegzudeuten. Trost kann in der Erwartung der nächsten Wiedergeburt deswegen schwer liegen, weil sie dem Ursache-Wirkungszusammenhang aus den Folgen vorangegangener Existenzweisen unterliegt. Was sein wird, ergibt sich aus den Verwirklichungsmöglichkeiten dieses Lebens. Wer sich als Mensch in seinen Grenzen und Bedingtheiten kennt, kann dies nicht tröstlich finden. Die *karma*-bedingte neue Daseinsrunde kann trostlos werden. Das erfahren nicht nur die ungezählten Kastenlosen Indiens.

Dennoch muß sich der säkularisierte Mensch durch die asiatische Haltung dem Tode gegenüber beschämt fühlen, zumindest aber in einer benachteiligten Lage sehen. Für eine immanente, in sich geschlossene Lebens- und Weltdeutung, die den Tod als letzte Verlegenheit kaschieren muß, bleibt indische Religiosität – trotz ihrer höchst unterschiedlichen Erscheinungsformen – die große Herausforderung. Es ist darum nicht zu verwundern, wenn für manchen, dem die christliche Antwort auf den Tod nicht mehr zugänglich ist, der Weg von der glaubenslosen Existenz hier unmittelbar zur hinduistischen Todesdeutung dort führt. Das uns oft überraschende Auftauchen asiatischer Religionsgemeinschaften in unserer nächsten Umgebung ist ein Hinweis darauf. Für diejenigen, die sich hier ‚bekehren', wird auf diese asiatische Weise zum erstenmal das Tor aufgestoßen, das sie in das todesbegrenzte Ghetto dieses Lebens in totaler Immanenz einschloß. Darauf käme es also für die zeitgemäße Verkündigung des christlichen Glaubens an: Seine überzeugende Kraft gewinnt er letztlich nicht so sehr unter Bezug auf die mancherlei Fragen und Probleme dieses Lebens, sondern als Angebot einer Teilhabe an der Wirklichkeit, die sich hier nicht erschöpft, sondern mit dem Tode überhaupt erst zur vollen Erfahrung des Menschen zu werden vermag. In der Begegnung und Auseinandersetzung mit den Angeboten indischer Religiosität wird die postmortale Situation des Menschen zu einem vorrangigen Thema. Umgekehrt läßt sich sagen: In der Begegnung mit den Antworten, die indische Religionen auf die entscheidende Frage des Menschen im Zusammenhang seiner Todeserfahrung zu geben haben, wird die Überwindung des Todes durch Christus als Gewinnung eines realen neuen Lebens zum wesentlichen Topos.

Wir befinden uns damit in nächster Nähe zum Neuen Testament. Hier ist die Osterbotschaft nicht nur „Oberlicht" (K. Barth) für die Verklärung des jetzigen Lebens, sondern sie eröffnet dessen Verwandlung in der Kraft des neuen und ewigen. Der Tod wird damit nicht verklärt, sondern behält seinen funktionalen Stellenwert in bezug auf diesen Übergang: vom Glauben ins Schauen, vom Vorläufigen in das Endgültige, von der bedingten Teilhabe an der Einheit in Christo in die unbedingte, vollendete Weise.

Das „Gespräch" der Religionen über den Tod bleibt damit kein akademischer Dialog. Es wird zur starken Herausforderung in Richtung auf eine neue, vertiefte und wesentlichere Zuwendung zur nachösterlichen Wirklichkeit. Andere Religionen erinnern daran, daß solche Wirklichkeit erfahren werden will. Als nur gewußte, als bloße Glaubens-theorie droht sie abhanden zu kommen. „Tod, wo ist dein Stachel, Hölle, wo ist dein Sieg?" Diese apostolische Aussage will entdeckt und erfahren werden als Teilhabe an einer Gemeinschaft, die der Tod nicht trennt, sondern vertieft und befördert.

Über den Tod und die Stätten der Toten

Von Max Müller

Alles Lebende, das wir kennen, hat Anfang und Ende, verläuft zwischen Geburt und Tod; aber dies „Zwischen" ist so aufzufassen, daß die Geburt und der Tod nicht „vor" und „nach" dem Leben sich ereignen, sondern beide entscheidende Vorkommnisse im Leben selbst sind. Ob dieses Leben in seinem Ende bloß ein „Verenden" oder aber auch ein „Sterben" ist: Das ist vielleicht der wirklichste Unterschied, nach welchem man so oft gesucht hat, zwischen dem nichtmenschlichen und dem menschlichen Dasein. Von der Weise, *wie* der Tod erfahren wird, hängt die Weise ab, *als was* unser Leben geführt wird und sich gestaltet.

Ohne das volle Bewußtsein des Todes gibt es keine Geschichte

Ohne volles Bewußtsein des Todes gibt es nur Werden, Veränderung und höchstens Entwicklung. Machen wir kurz die Fiktion eines todlosen, nie endenden Lebens. Würde uns dieses todlose Leben als unsere Wirklichkeit bewußt, so überkäme uns die Langeweile, der Überdruß an uns selbst: Alle Notwendigkeit verschwände aus unserer Existenz, nichts müßte *jetzt* entschieden werden, alles könnte auf später einmal aufgeschoben werden, nichts wäre endgültig versäumt, alles könnten wir nachholen: das heißt aber, daß nichts seinen bestimmten Augenblick hätte und jeder Moment also gleich-gültig wäre, jenseits von Glück und Unglück stünde. Jede Liebe, jede Begegnung ließe sich beliebig wiederholen, jede Tat könnte auch später noch getan werden, der Augenblick verlöre nicht nur all' seine Wichtigkeit und Bedeutung, sondern damit auch seine Köstlichkeit ebenso wie seinen Schrecken: Er würde relativiert. Denn im Gegensatz zur zeitlosen „Seligkeit" und zur sofort wieder in ihr Gegenteil, den Ekel, jeweils umschlagenden „Lust" ist „Glück" immer geschichtlich: Wie das Unglück ist es an eine begrenzte, nie wiederkehrende und nie wiederholbare Zeit geknüpft. Diese „Schärfe" der Einmaligkeit und Einzigartigkeit gibt unserer Lebenszeit nur das Faktum des Todes; er gibt ihr jene Auszeichnung, die, wie eben gesagt, sie zu jener geschichtlichen Zeit macht, in welcher allein Glück und Unglück nicht nur vorübergehende Zustände sind, sondern ihre eigentliche und absolute Bedeutung erhalten: Der Tod relativiert nicht alles, wie man so oft oberflächlich sagt. Er, der nicht nach dem gelebten Leben erst kommt, sondern in seiner Mitte steht, nimmt ihm den Beliebigkeitscharakter und gibt ihm die Unbedingtheit. Weil der Tod endgültige und absolute Grenze des sich so oder so frei entscheidenden Tuns ist, hat er diesen Doppelcharakter: Erst „angesichts des Todes" erhält das bewußte Leben jenen Ernst, der aus der Fülle unserer Möglichkeiten eine einzige freie Wirklichkeit macht. Nun gibt es in der Freiheit nicht mehr nur Wahl und Auswahl im Tun und Lassen, sondern Notwendigkeit: Liebe hat ihren notwendigen Augenblick, ihr Versäumnis kann nicht mehr nachgeholt werden; eine vergebene historische Chance kann endgültig „ein für alle Male" verpaßt sein. Geschichte (in Liebe wie in Politik) läßt nicht mit sich spielen. Das alles sagt uns nur der Tod. Und so kommt es hier zur abschließenden Behauptung: Die unbedingte Forderung (im Gegensatz zu aller immer nur relativen und wiederholbaren Zweckmäßigkeit) ist das Wesen der „Ethik". Ethik ist das Sichstellen unter das Gericht der Geschichte: Das Bestehen oder Versagen vor dem, was jetzt getan werden soll und daher auch in freier Entscheidung getan werden muß. Es kann von uns nicht aufgeschoben oder weggeschoben werden, weil der Tod eben „endgültig" ist, das heißt dem freien Tunkönnen eine absolute Grenze setzt. Dieses Wissen um die absolute Grenze ist die eigentlichste innere Kraft menschlichen Lebens, welche es dazu bringt, um seine geschichtliche Einzel- und Gemeinschaftsgestalt zu kämpfen. Wenn der Kampf gelingt, schenkt er uns das Glück, wenn er mißlingt, wirft er uns ins Unglück. Glück und Unglück sind Gaben des Todes. Seine Kraft ist zugleich unsere Sorge.

Bewußtsein der Grenze setzt Überschreiten der Grenze voraus

Eine Grenze ist aber nur im Bewußtsein als Grenze zwischen dem „Hier" als dem Diesseits der Grenze und dem „Dort" als dem „Darüber", dem Jenseits der Grenze. Bewußtsein der Grenze setzt Überschreiten *(d. i. Transzendieren)* der Grenze, zumindest in Gedanken oder in Sehnsucht, voraus. Denn Grenze ist das zwischen beiden Unterscheidende: Sie ist der Halt, der uns anhält beim Übergang vom Eigenen ins Andere, vom uns Gehörigen ins Fremde, Unverfügbare. In diesem Anhalt wird dies Andere erfahren als der Widerstand, an dem unser Tun und Machen scheitern muß. Diese Erfahrung scheidet diese „unsere" Welt des Verfügbaren von der Sphäre der Unverfügbarkeit. Sie scheidet den Bereich des uns „Zugänglichen" von dem Bereich der Unzugänglichkeit, der Entzogenheit also, der dennoch je und je von sich her in unser Leben hineinragt.

*Die Stätten der Toten und ihr Bezug zur Sphäre der
Lebenden*

Wenn es so mit der Erfahrung des Todes steht, in welcher
der Mensch sich erst als Mensch, d. h. als der Zugehörige
beider Sphären (der des geschichtlichen Lebens als des gestaltbaren Werdens nämlich und zugleich der des Seins als
der bleibenden, allen gestaltenden Zugriff entzogenen Entrücktheit) erfährt, so ist jetzt zu fragen,: Wie steht es denn –
nicht nur mit dem Tode – sondern mit dem Toten? Der
Mensch wird, wenn der Tod „eingetreten" ist, in einer
Grab-Stätte „verwahrt", „geborgen". Ist es aber wirklich der
Mensch, der hier verwahrt und geborgen wird? Was bedeutet diese Stätte? Es ist die Stätte des Todes, der als Grenze die
Zusammengehörigkeit von Zeit und Ewigkeit, von Wandel
und Bestand, von lebendigen, vielfachen und immer neuen
Handlungsbezügen und dieser großen unveränderbaren
Entzogenheit bezeichnet, der sich als Tor und Gelenk zwischen beiden Welten zeigt, die doch in ihrem Zusammen
erst das Geheimnis der *einen* menschlichen Welt ausmachen, zu der die Sterblichen wie die Unsterblichkeit ineinander verzahnt gehören. Am Grabe und aus dem Grabe als
einer solchen Stätte des Todes entsteht der Kult, in welchem der verfügen- und herrschenwollende Mensch zum
verehrenden, anbetend-gläubigen wird, der seine endliche
Macht vor dem unendlichen Geheimnis – des Verehrens –
beugt. Nicht die Erfindung der Werkzeuge charakterisiert
den Übergang von Tier zu Mensch, den Unterschied des
Humanen von dem Nichthumanen; vielmehr dort, wo erstmals Kult und Verehrung auftreten, da ist innerhalb der
Evolution erstmals eindeutig des Faktum der Hominisation
als eingetreten konstatierbar. Und wiederum: Wie der Tote
das Grab als seine Stätte braucht, so bedürfen der Kult und
die Verehrung als ihren Bezirk (temenos = Bezirk) und ihre
Stätte des Tempels und der Kirche, die so in der Geschichte
der Menschheit aus den Gräbern gleichsam herausgewach-

Die Stätten der Toten und ihr Bezug zur Sphäre der Lebenden

sen sind und über Gräbern jeweils errichtet wurden. In schöner Weise schildert diesen Weg der Menschwerdung zum Beispiel der großartige Bildband des Philosophen Heinrich Rombach „Leben des Geistes" (Freiburg 1977). Dort wird gezeigt, daß die Ur-Erfahrung der Sphäre der Unverfügbarkeit des Seins, der zu allem menschlichen Bezug mitgehörigen Entzogenheit und End-Gültigkeit eben die Todeserfahrung ist. Das erste Ur-Bild dieser Sphäre und ihrer Erfahrung ist der Stein. Für die Machbarkeit, Formbarkeit, Gestaltbarkeit schlechthin gehört als Material zunächst Lehm und Ziegel. Die wegen dieses Materials völlig untergegangenen Großstädte Mesopotamiens zeigen dies ebenso wie jene Stadt, die wie keine andere die Einheit Ägyptens an der Grenzscheide beider Landesteile (Unter- und Oberägyptens nämlich), aufweist: Memphis. Als lehmgebaute Stadt der Lebenden ist uns von ihr nichts erhalten. Ganz in ihrer Nähe aber ist von Imhotep, dem ersten großen Architekten menschlicher Kultur, und von seinem Auftraggeber, dem Pharao Djoser, die Stadt der Toten aus Stein aufgerichtet: Sakkara als bleibender Bezirk um die bleibende Stufenpyramide, wo das vergängliche Leben den Übergang in das unvergängliche Sein vollzogen hat und immer noch vollzieht. Hier sind nicht Individuen beigesetzt; die leitend-herrschenden Personen der Gemeinschaft repräsentieren vielmehr für alle immer sichtbar in bleibendem Stein das immerwährende Ineinander, den fortdauernden Bezug beider Welten: des Werdens und des Seins. Erst in beiden hat der Mensch „Heimat". Diese Verbindung repräsentieren die Pyramide und die steinernen Totenstadt, aber auch jeder ägyptische Obelisk und jeder bretonische „Menhier" genauso wie alle christlichen Grabeskirchen, deren höchste Form vielleicht im römischen St. Peter erreicht ist, jener Kirche, die aus dem Grab, der „Memoria" des ersten der Apostel aufsteigt.

Diese Stätten des Kultes als Stätten des unaufhebbaren und für das Menschsein des Menschen wesentlichen Bezugs des Irdischen zum Göttlichen, sind als Stätte der Ruhe und des Friedens unserer Toten mißverstanden und zu „unberührbaren Friedhöfen" gemacht worden. Kein störender Eingriff erschien mehr erlaubt. Aber wo ruht denn der Tote? Wo ist er in Wirklichkeit, und wer ist er? Das ist nun nach den Erörterungen über den Tod und seine Bedeutung in unserem Leben ernstlich zu fragen.

Wo sind die Toten?

Thomas von Aquin erläutert, daß der Leichnam in keiner Weise mehr der tote Mensch sei, indem er zu zeigen versucht, wie hier der einzig uns bekannt eindeutige „Substanzwandel" geschehen sei. Die „Überreste", die sog. „Reliquien" sind nicht mehr menschlich. Sie sind aus dem menschlichen Bereich herausgefallen und zurückgefallen in die bloße und reine Natur. Aber wo der Tote als Mensch nun sei und ob er überhaupt noch sei, diese Frage bleibt. Auf jeden Fall ist er selbst nicht in seinem Grabe, gerade nach christlichem Glauben nicht. In der Sphäre der Entzogenheit, die durch den Tod eröffnet wird, mag er jenseits der Grenze, die das Jenseits ihrer selbst als Grenze ja anzeigt, sein. Und diesseits der Grenze ist er nicht im Grabe da, sondern in unserem Erinnern, im liebenden Gedächtnis. Die *Stätte,* wo Petrus begraben wurde, war und ist immer verehrungswürdig; er selbst wurde nicht wie die Pharaonen balsamiert, nicht einmal in einen Sarg wurde er vermutlich gelegt, sondern in bloße Erde. Aber aus Stein wurde darüber die „Memoria" errichtet. Erinnerung an dieses Tor, wo im Ereignis seines Todes und seiner „Bestattung" der Eingang und Übergang beider Welten geschah. Und so hat man auch aus den im Petrusgrab gefundenen Knochen kein Aufhebens gemacht, ob es nun die seinen oder die eines anderen gewesen sein mögen. Die Stelle ist und bleibt bemerkenswert für jeden Gläubigen und vielleicht auch den Ungläubigen. Aber auch diese Stätte kann sogar vervielfältigt werden. Des Petrus Haupt zumindest war vermutlich auch eine zeitlang nach S. Sebastiano an der Via Appia gebracht worden, so wie es ja auch zwei Stätten des Gedenkens an den toten St. Benedikt, den Vater des abendländischen Mönchtums gibt, St. Bénoit s. Loire und Monte Cassino. Stätte und Leichnam können für die Verehrung als Anhalt gleichsam nicht entbehrt, aber sie können vervielfältigt werden. Einerseits ist die Teilung eines Leichnams eines bedeutenden Repräsentanten, an dessen Grab der Kult angeknüpft hat, als Verteilung in eine Fülle erinnernden Reliquien, die alle auf die in seinem Tod vollzogene Einheit beider Welten hinweisen, daher immer durchaus erlaubt, ja sogar geboten gewesen. Und zur Teilung des Ortes andererseits ist zu sagen, daß es eine Fülle von „Translationen" gibt, die die Ehrfurcht vor der Stätte des Todes nicht gemindert haben. So wurden etwa der hl. Markus nach Venedig, St. Matthias an die Mosel, die hl. drei Könige nach Köln und Benedikt in das Frankenland gebracht. Wichtig ist allein das ehrfürchtige Gedenken. Nur in ihm ist der entzogene und entrückte Tote erst wirklich bei uns „da". Dieses Gedächtnis bedarf aber nach unserer sinnlich-geistigen Verfaßtheit ebenso der Stütze der räumlichen (Grabes-) Orte, wie auch vielleicht der körperlichen Zeichen und Überreste, welche man „Reliquien" nennt. Beide sind weder mit dem „Ort" des Toten noch als angeblicher „Teil" seiner auch nur partiell mit ihm identisch; aber sie sind echte Anknüpfungen oder Absprungsmöglichkeiten zu ihm hin, deren der Gedanke, wenn er lebendiges Gedenken sein soll, bedarf. Für Plato war in diesem Sinne Anamnesis und Eros, Liebe und Gedächtnis dasselbe: Der Rückgang der Erinnerung in das Unvordenklich-Unverfügbar-Vorausliegende und der Vorgang der liebenden Sehnsucht in das Unvorstellbare und uns Erwartende als bleibendes Letztes sind als rücksteigende und vorausgehende Transzendenz in dasselbe miteinander identisch.

Über den Tod und die Stätten der Toten

Nur in der Hinsicht (einmal als Rück-Sicht und das andere Mal als Vor-Sicht) verschieden sind sie der „Sache nach" ununterscheidbar.

Als Anzeichen und Anzeigen der Ineinanderfügung der beiden Welten in die Einheit menschlichen Lebens, als Ausgang unserer „Transzendenz" sind Grabesstätten und Überreste (Reliquien) wichtig und verehrungswürdig. Aber sie sind dies in einem relativen Sinne: nämlich in ihrer Zeige- und Symbol-Funktion: Symbol (symballein = ineinsfallen zweier Verschiedener); werden beide, also der Ort und die Reliquie, aber „absolut" genommen, so geschieht eine Perversion: eine Verdinglichung, die den Leichnam für den Toten selbst hält und das Grab zu seiner Wohnstätte erklärt, seiner, der doch nur im Geheimnis seinen „Ort" hat. Dies ist ein Rückfall in einen naturalistisch-magischen Realismus. Umbettungen des Leichnams und Umgestaltungen der Grabstätten sind daher von jeher zulässig gewesen, so wie sie auch ebenso von jeher auf (in Mißverständnissen begründeten) Widerspruch gestoßen sind.

Das frühe Ägypten des „Alten Reiches" hatte diesen naturalistisch-magischen Realismus schon überwunden: Neben dem Grab, in das der Leichnam des Toten unversehrbar gebettet wurde, war in Sakkara das leere Grab für die „Ka" desselben Toten: für seine Seele, seine Lebendigkeit. In keinem der beiden Gräber war „er", der Tote: „er" war eben in das „Geheimnis", in die Unsäglichkeit und Unbildlichkeit entrückt. Aber beide Stätten, das Grab der Seele und des Körpers, wiesen darauf hin und stifteten so unseren realen, das Unsägliche sagenden, das Unsichtbare schauenden Bezug zu diesem Bereich und zu ihm, dem Toten, als einem jetzt diesem Bereich jenseits der Grenze Zugehörigen. In einem solchen Bewußtsein wird die Gefahr gebannt, daß aus der Verehrung Vergötzung werden kann.

Der Tote und sein Leichnam

Wie wenig im christlichen Abendland der Leichnam mit dem Toten identifiziert wurde, zeigt die europäische „Beisetzungstradition". Der in der Erde natürlich verwesende oder im Feuer zur Asche werdende Leichnam ist für uns nicht als ein zurückgelassener Teil des Toten selbst aufzufassen. Er ist vielmehr nur ein (verfallendes) Zeichen, ein Hinweis im Gedenken und für das Gedächtnis. Er ist Denk-Mal, das besser als in der schwindenden Präsenz der Leiche in der Darstellung, der „Repräsentation", im Bild oder Stein Bestand hat.

Bei den geistlich wie bei den weltlich „Großen" (den „Heiligen" und den „Fürsten"), deren Gedächtnis für die immer sich erinnern müssende Integration und Identifikation religiöser und politischer Gemeinschaften in ihrem Fortbestand wesentlich ist, sollen diese „leibhaften" Zeichen möglichst an mehreren Stellen gesetzt werden; so fanden viele Herzen bayerischer Herzöge und Könige in Altötting ihre Stätte, die übrigen „Überbleibsel" aber in den Krypten des Münchener Frauendoms oder der Münchener Theatinerkirche: Denn nicht sie (diese „Überbleibsel") wurden ja verehrt, sondern sie waren und sind Ausgangspunkt einer von ihnen ausgehenden, von ihnen also weggehenden, einer sich über sie erhebenden Verehrung, die zugleich die Ehre dieser verehrenden Gemeinschaft selbst ist. Das Zusammenwerfen der zurückgebliebenen Schädel, Knochen und Skelette in „Beinhäusern", früher (und in Österreich jetzt noch) „Karrner" genannt, zeigt ebenfalls, daß im christlichen Raum der Tote in keiner Weise mehr, auch nicht partiell mit diesen Überresten identifiziert wurde, sondern sein neues „Dasein" (sein „Totsein" wie Rilke sagt), seine Gegenwart also nur hat in der Erinnerung der Menschen und in der Liebe des ihn haltenden Gottes, in denen er das eine Mal noch bei uns „ist", das andere Mal eben: „bei Gott", jeweils aber ganz als es Selbst. Das spricht ebenso gegen jede Überbewertung der Grabstätte wie die Tatsache, daß im christlichen Mittelalter wie in der europäischen Neuzeit die Bestattung, die „Beisetzung", still und fast ohne Teilnahme von Trauernd-Verehrenden geschah und als Akt geradezu bedeutungslos gewesen ist. In der danach folgenden allein wichtigen Totenfeier, die zeitlich viele Tage später geschehen konnte, war der Tote dann nicht durch den Leichnam präsent, sondern durch seine Repräsentation im Bild gegenwärtig: durch die „effigies", durch die Nachbildung des Gestorbenen als eines noch Lebenden, oft in Wachs, aber auch in anderen Stoffen, welche „effigies" die Verbindung zu ihm schuf. Ernst Benkard (vgl. „Das ewige Antlitz", Berlin/Frankfurt 1926 mit einem Vorwort des Bildhauers Georg Kolbe) hat nachgewiesen, wie aus der „effigies" dann in der Nach-Neuzeit des 19. und 20. Jahrhunderts, in welcher aus der Person nun ganz und gar das Individuum wurde, der Brauch der Abnahme der Totenmaske entstand, deren Aufbewahrungsort dann weithin in das Belieben seiner Nachkommen gestellt wird und dabei den personalen Gemeinschaftsbezug oft verliert.

Das berühmteste Beispiel der Nicht-Identität des der Erde oder dem Feuer übergebenen Leichnams mit dem Toten (oder auch nur mit einem Teile von ihm) ist vielleicht der Fall der Beisetzung des Dichters Friedrich Schiller. Er starb am 9. 5. 1805 in Weimar. In der Nacht vom 11./12. 5. wurde gegen Mitternacht die Leiche ohne Beteiligung seiner Familie oder des Freundes Goethe und ohne jede Feierlichkeit in das „Kassengewölbe" des St. Jakobi-Friedhofes in Weimar gebracht, in welchem Gewölbe ohne Einzelkennzeichnung die Leichen all' derer, für die die „Landschaftskasse" zu sorgen hatte – und für Schiller als einem zur „Landschaft" gehörigen Jenaer Universitätsprofessor hatte sie zu sorgen – „zusammengeworfen" wurden. Die Toten-Feier fand dann am Tage darauf unter großer Beteiligung (allerdings ohne den erkrankten Herzensfreund Goethe) in der Jakobi-Kirche selbst statt. Erst 1826, also 21 Jahre später, öffnete man das übervolle Kassengewölbe. Jetzt entdeckte Goethe im „Beinhaus" einen Schädel, den er unverwechselbar für den des Freundes Schiller halten konnte, und jetzt dichtete er jenes großartige Gedicht, dem man den Titel „Schillers Reliquien" gab. Es beginnt mit den Worten „Im ernsten Beinhaus wars, wo ich beschaute, wie Schädel Schädeln angeordnet paßten; ...". Am 17. 9. 1826 wurde dieser Schädel zunächst in das Postament von Danekkers Schillerbüste eingeschlossen; am 16. 12. 1827 schließlich endgültig, mit einem Skelett verbunden, in der Weimarer „Fürstengruft" beigesetzt, wohin 1832 dann auch die Überreste Goethes gebracht wurden. Mathilde Ludendorff hat aus diesem damals durchaus üblichen Verfahren beim Hinscheiden Schillers auf die Ermordung Schillers durch den „Freimaurer" Goethe, der den getöteten Freund als seinen Rivalen dann nachts „verscharren" ließ, geschlossen. Das ist natürlich Unsinn. Das Verfahren selbst aber, bei welchem das Bild wichtiger ist als die Körperreste („Reliquien") und wo auch der Ort nur noch die Stelle eines ehrenden Gedächtnisses meint, zeigt nur den historischen Übergang bei dem Verhältnis zum Toten von einem „magischen Realismus" der Frühzeit zu einem unserem heutigen Verständnis allein noch zugänglichen „symbolischen Ideal-Realismus". Wäre dieser Übergang nicht erfolgt, so würde auch heute noch der Verfall des Besitz-Rechtes auf ein Grab nach einer bestimmten Reihe von Jahren nicht hingenommen werden. Dann aber müßten auch, wie früher in China, die Straßen und Eisenbahnen größte Umwege machen um die immer weiter sich ausdehnenden riesigen Friedhöfe herum.

Der Tod als Störer der Gesellschaft

Wir sagten, daß in der ausdrücklichen Erfahrung des Todes eine absolute Grenze offenbar wird; Erfahrung einer

Grenze ist zugleich ihr Überschreiten: „Transzendenz" also. Diese im Tod offenbare Grenze bestimmten wir als jene zwischen der Welt der Verfügbarkeit und der Unverfügbarkeit; der erstgenannte Bereich ist der des Machens, Leistens, Herrschens. Er ist der Bereich der „Zivilisation", in welchem wir alles auf uns als Subjekte zustellen und es damit in seiner Zustellbarkeit „objektivieren"; dieser Bereich ist als die Subjekt-Objektwelt jene „Umwelt" des Menschen, in der er im Mitsein mit anderen Ziele erreicht, Werte verwirklicht und in seiner jeweiligen Leistungsfunktion das „Klappen" (= Funktionieren) dieser Welt der Gesellschaft mitbewirkt. Der Tod „zerstört" diese Gesellschaft nicht. Aber er „stört" sie; diese Störung wird mehr oder minder gut jeweils überwunden, „behoben"; der Tote ist in diesem sozialen Lebens-Geflecht ersetzbar; hier, im „Todesfall", tritt ein anderer für ihn ein. Dankbar wird sein gesellschaftlicher Wert, der sich in der Leistung gezeigt hat, erinnert. „Ersetzbarkeit" bedeutet: Die Stelle wird wieder „besetzt", es kann über sie neu verfügt werden. Nicht mehr verfügbar aber ist der Tote: Er kann nun nicht mehr als Funktionär und Leistungsträger in Anspruch genommen werden, sondern muß in seinem Selbstsein gelassen werden. Wenn es in der Kameradschaft der gesellschaftlichen Leistungs- und Arbeitswelt also vollgültige Vertretung geben mag, so ist in den echten Gemeinschaftsbeziehungen, z. B. der Freundschaft, der Liebe, der Ehe, die Unvertretbarkeit ebenso selbstverständlich; denn in diesen Beziehungen wurde er immer als „er selbst" genommen und unabhängig von allen Funktionen und Leistungen beachtet. Er wurde freigelassen und freigegeben auf sich selbst hin und in dieser achtenden und liebenden Freigabe als er, der er „ist", erkannt und anerkannt. Hier war er unverfügbare Person, welcher nicht mehr ein gesellschaftlich bestimmbarer „Wert" eignete, sondern die absolute und unvertauschbare „Würde".

Indem der Tod den Raum der Unverfügbarkeit eröffnet

hat, hat seine echte Erfahrung auch schon die beliebige Freiheit des Machens, des Veränderkönnens, des Umschaffens der Werdewelt nun zur unbeliebigen Freiheit des Anerkennens, des Achtens, der Verehrung der Seinswelt hingeführt; die Freiheit der Aktion wird jetzt zur Freiheit der „Gelassenheit", der höchsten Form der Freiheit überhaupt; auf die Kenntnis des Sichzurechtfindens in der Umwelt und Gegenstandswelt folgt die Erkenntnis und Verehrung der Seinswelt. Aber gleichzeitig wie die Erfahrung des Todes für uns positive Erfahrung und Eröffnung des Bestandes solcher unverrückbarer Seinswelt wird, so geschieht in eins damit auch die negative Erfahrung des Grundcharakters dieser Seinsregion: ihrer Entzogenheit und damit die Erfahrung des Entzugs der Toten in diese Sphäre der unveränderbaren Endgültigkeit hinein; eröffnend und Einheit zeigend ist die Todeserfahrung auch abweisend, verschließend, verweigernd und damit trennend. Sie zeigt sich also als das, was wir eben „zerstörend" nannten. Und nun erwächst erst die Notwendigkeit der Rettung eines bleibenden Zusammenhangs der individuellen Gesellschaftswelt und der personalen Gemeinschaftswelt, der Werte- und Seinswelt, der Welt der Planung, Leistung, der Schätzung und Wertverwirklichung in Gegenständen und ihrer Brauchbarkeit und Nutzbarkeit einerseits und der Welt andererseits der Verehrung, Achtung, Würdigung des menschlichen wie außermenschlichen „Seienden selbst" in der Herrlichkeit und wunderbaren Nutzlosigkeit ihres Eigen-Sinnes. Von der ersten Objektwelt finden wir immer wieder den Zugang zur zweiten Welt des Seienden, die für Heidegger die „Ding-Welt" ist: „Ding" als das menschliche und nichtmenschliche Seiende, in sofern in ihm und von ihm selbst her die Wahrheit geschieht und es sich nicht nach unserem Handeln und unseren Bedürfnissen in seiner Enthülltheit richten muß, „Ding", wo also Wahrheit nicht mehr durch Richtigkeit ersetzt werden kann. Daß wir diesen Zugang zur zweiten Welt des „Seienden selbst" finden:

daß diese „Rettung" geschehen kann, dazu bedarf es der Rückbindung, der „Religion". In der Religion wird die Nähe der Gebrauchswelt als Gesellschaftswelt „entfernt", die Ferne der personalen Seinswelt „genähert, hier bleibt in allem notwendigen Gebrauch der Entzug bewußt und es hält sich in aller Vernutzung die Verehrung durch. Im individual-sozialen Gesellschaftsgeschäft geht also der personalachtende Gemeinschaftsbezug nicht unter. Daß sich die Produktions-Konsum-Arbeitswelt innerhalb der Achtungs-Verehrungs- und Kultwelt vollzieht, dazu bedarf es besonderer religiöser Formen und Gestalten. Die Religion errichtet über den Gräbern der Toten die Mahn-Male und Denk-Male, die sie dann zu Tempeln und Kirchen ausbaut, in denen der Kult sich vollziehen kann. Kult aber ist immer zugleich „archäologisch" und „eschatologisch". Was sich also an diesen Stätten vollzieht, ist ebenso ein Gedenken der ursprünglichen Zusammengehörigkeit von Würde und Wert als auch Vollzug im hoffenden Glauben der letzten Wiederzusammenkunft beider. Inmitten des ständig drohenden Auseinanderfallens dessen, was in seiner Einheit allein die Menschlichkeit des Menschen garantiert, geschieht hier die Zusammenfügung, der Zusammenfall als Rettung des Menschen.

Hoffnung auf einen „Zusammenschluß von Welten"

Es ist in den vorausgehenden Ausführungen im Hinblick auf Tod und Sterben wenig von der Unsterblichkeit der Seele oder des Geistes die Rede gewesen; es ging immer um den ganzen Menschen in seiner leib-seelisch-geistigen Einheit, der in dieser biologisch-historischen Einheit im Tode „vor" und „in" einem unbedingten Ende steht. Ich glaube dennoch, daß die philosophische („natürlich-geschichtliche") Reflexion eine bestimmte Unzerstörbarkeit des Seelisch-Geistigen wohl aufweisen kann, ein Aufweis, der seit

Platons Phaidon und seit des Aristoteles Schriften immer wieder versucht wurde. Ich bin der Überzeugung, daß diese Versuche in sich keineswegs mißglückt oder gar sinnlos gewesen sind; dabei bin ich mir klar darüber, daß nicht jede Art von Bewußtsein des „Ewigen im Menschen" (Max Scheler) und der Ewigkeit des sterblichen Menschen als Offenbarung und Theologie zu gelten hat. Diese philosophisch reflexive und demonstrative Ausarbeitung und Rechtfertigung einer bestimmten Unzerstörbarkeit, die man in gewissem Sinne auch Ewigkeit (als Dauer) nennen kann, ist (und muß sein) ebenso Teil einer philosophischen Anthropologie wie einer natürlichen Theologie. Die neuzeitliche protestantische Theologie, die von der katholischen Theologie heute oft etwas simplifiziert und naiv-unkritisch übernommen wird, fragt aber doch wohl mit Recht, ob ein solches „ewiges Leben" identisch sein könne mit dem, was als Rettung und Heil der Person vom Christen erhofft und erwartet wird. Das unerbittliche Ausscheiden aus der geschichtlich-menschlichen Gesellschaft und Gemeinschaft hat zunächst absolute Verlassenheit und Einsamkeit zur Folge, weil der Tod hier einen endgültigen Abschied bedeutet. Aber die hoffende Erwartung des Christen wird wohl nicht einen Übergang in die Überindividualität, Zeitlosigkeit und Anonymität des Geistes als solchen, wie etwa bei Aristoteles, als ihre wirkliche Erfüllung annehmen können. Erst in der alle Philosophie übersteigenden und nicht beweisbaren Hoffnung auf einen „Zusammenschluß von Welten" (von Werdewelt und Seinswelt, von Verfügungswelt und Entzugswelt, von Herrschaftswelt und Freiheitswelt) deutet sich so etwas wie eine Lösung dieser Fragen an. Eine solche Lösung ist ein echter und wirklicher Trost gegenüber dem Bild der Ver-Nichtung. Wesentlicher als jenes „Fortleben" seelisch-geistiger Unsterblichkeit, welche in ihrem Bestand dennoch keine volle Erfüllung sein kann, ist für katholische Gläubigkeit die Lehre von der Einheit jener drei Welten und Welt-Gemeinschaften als Kirchen: jene Lehre, die im Kult zur vergegenwärtigten und vollzogenen wirklichen Einheit des menschlichen Daseins im „Zugleich" der streitend-kämpfenden, der duldend-leidend-büßenden und der seligseinkönnenden triumphierenden Kirche und damit zur verheißenen Fülle unserer Existenz wird. Hier fallen die Lehre über unsere Wirklichkeit und diese Wirklichkeit selbst zusammen: Es geschieht „Symbol" (Ineinsfall) als reales Ereignis des Zusammenschlusses der Ur-Möglichkeiten der Menschlichkeit.

Sterben und Tod als soziales Problem und als mitmenschliche Aufgabe

Von Christa Gebel

„Der Tod gehört zum Leben wie die Geburt" – aber leben wir mit diese Erkenntnis? Wohl nur wenige. Denn würden wir diese Tatsache in unserem Bewußtsein nicht nur registrieren, sondern verarbeiten und uns damit auseinandersetzen, dann müßte sich unser persönlicher Lebensstil ändern, was wiederum nicht ohne Wirkung auf die Gesellschaft bliebe.

Ist der Tod also nur eine private Angelegenheit, mit der jeder, wenn es einmal so weit ist, selbst fertig werden muß? Zeichnet sich nicht – wie zu allen Zeiten – vielleicht heute sogar noch dringender, fragender Hoffnungslosigkeit, Lebensangst, Unfähigkeit zu leiden, Furcht vor dem Tod und die ewig alte Frage nach dem „Danach" ab? Wird unser Leben nicht entscheidend von den Menschen mitgeprägt, die unseren Lebensweg kreuzen? Oder wie Martin Buber es formulierte: „Die fundamentale Tatsache der menschlichen Existenz ist der Mensch *mit* dem Menschen."

Eines ist sicher: In den Grenzsituationen des Lebens, in denen wir der äußerlichen oder gesellschaftlichen Stützen unseres Daseins beraubt sind, ist jeder in seiner Hilfsbedürftigkeit in ganz besonderem Maße auf seinen Mitmenschen angewiesen. Die Angst abhängig zu werden, dem anderen ausgeliefert zu sein, bedrückt Schwerkranke und Sterbende ganz besonders.

Sterben und Tod als soziales Problem und mitmenschliche Aufgabe

Sterbehilfe oder Hilfe beim Sterben?

Unter Sterbehilfe und Hilfe beim Sterben wird heute nicht dasselbe verstanden. Unsere Überlegungen konzentrieren sich auf das Bemühen, Wege und Lösungen zu suchen, Menschen in Zeiten schwerer Krankheiten und im Sterben beizustehen. Um Sterbehilfe – im nachfolgenden Sterbebegleitung genannt, um mögliche Verwechslungen auszuschließen – in diesem Sinne leisten zu können, muß man mehr über die Ängste, Wünsche, Einsamkeiten, Verzweiflungen und Hoffnungen Schwerkranker, unheilbar Kranker und Sterbender wissen.

Es ist das Verdienst von Elisabeth Kübler-Ross, die Skala der Empfindungen und Erlebnisse Sterbender im Prozeß ihres Ablaufs beschrieben zu haben. Sie seien hier zum Verständnis der weiteren Ausführungen gekürzt zusammengefaßt:

Die erste Phase ist die des Leugnens, des Nichtwahrhabenwollens. Der Kranke kann und will es nicht glauben, daß es keine Heilung mehr geben soll.

In der zweiten Phase bricht Zorn und Auflehnung durch: „Warum denn gerade ich?"

In der dritten Phase lehnt sich der Kranke zwar nicht mehr auf, versucht aber einen Aufschub zu erwirken – „ein bißchen später" – und gelobt manchmal, noch gute Taten vollbringen zu wollen.

Dann folgt im nächsten Stadium die Depression, die Sorge, wer die zurückgelassenen Aufgaben übernimmt, z. B. die Familie, den Haushalt, das Geschäft, Verzweiflung über Versäumtes, nun nicht mehr Nachholbares, Klagen über Entgangenes; damit einhergehen körperlicher Verfall, zunehmende Schwäche, Bewußtseinstrübungen und – je nach Krankheitsbild – große Schmerzen.

Obwohl im Endstadium, das sich oft über Tage und Wochen hinziehen kann, das Schicksal schließlich angenommen wird, bleibt immer noch ein gewisser Hoffnungsschimmer auf ein „Wunder"; wahrscheinlich eine wichtige Hilfe für den Patienten, auch noch die letzte Zeit durchzustehen.

Uns muß aber hier noch ein anderes Problem beschäftigen, das mit der menschlichen Würde zusammenhängt.

Es ist wichtig zu wissen, daß alle in Not geratenen Menschen, auch wenn sie nur vorübergehend von anderen abhängig werden und die Intensität ihres psychosozialen Erlebens unterschiedlich ist, bewußt oder unbewußt bestimmte Grundbedürfnisse haben, die ihre Einstellung oder ihr Verhalten bestimmen. Jeder will sie respektiert sehen: Jeder will als Individuum und nicht als Fall, Typ oder Kategorie behandelt werden.

Jeder will seine Gefühle frei ausdrücken und zwar sowohl die negativen, als auch die positiven. Diese Gefühle können Angst, Unsicherheit, Haß, Ungerechtigkeit oder ihr Gegenteil sein.

Jeder will als Person angesehen werden, die ihren eigenen Wert und ihre angeborene Würde besitzt. Dies soll ohne Rücksicht auf seine Abhängigkeit, seine Schwäche, seine Fehler oder sein Versagen möglich sein.

Jeder braucht freundliches Verstehen und eine Reaktion auf die zum Ausdruck gebrachten Gefühle.

Jeder will weder beurteilt noch verurteilt werden wegen der Schwierigkeiten, in denen er sich augenblicklich befindet.

Jeder will eine eigene Wahl treffen und eigene Entscheidungen herbeiführen. Er will nicht gesteuert, geschoben, kommandiert werden. Er möchte, daß man ihm hilft, nicht daß man ihm befiehlt.

Jeder will, daß man die vertraulichen Informationen über seine Person so verschwiegen wie möglich behandelt.

Felix Biestek, Professor für Sozialarbeit an der Loyola-University, Chicago, betrachtet diese philosophischen Grundsätze als integrale Grundlage jeder Sozialarbeit und als Voraussetzung fürsorgerischen Handelns.

Was hier vom Sozialarbeiter gefordert wird, nämlich den

von ihm Betreuten nicht zum Objekt seiner Hilfe zu machen und ihn damit nicht in seiner menschlichen Würde zu verletzen, gilt auch für den Kranken und den Sterbenden. Ohne menschliche Beziehung, ohne Vertrauen, ohne Öffnung des Patienten, kann der Prozeß der Gesprächsführung, der Diagnose und der Behandlung nicht zum Tragen kommen. Wichtig ist die Tatsache, daß der Mensch bis zu seinem Tode eine einmalige, einzigartige Persönlichkeit ist und bleibt. Zwar braucht er beste medizinische Hilfe, Linderung seiner Leiden und Schmerzen – aber mindestens ebenso dringend braucht er liebevolle Zuwendung, das vertrauensvolle Gespräch, verständnisvolle Anteilnahme, Wärme und Geborgenheit. Zur Konkretisierung der Geborgenheit gehört für Sterbende auch die Frage nach der Umgebung. Viele sterben daheim, manche im Altersheim. Viele haben Angst, vielleicht allein sterben zu müssen.

Sterben und Tod im Altersheim

Man stirbt viele Tode im Laufe seines Lebens: Man verliert einen lieben Menschen, wird gezwungen, die Heimat zu verlassen, Krankheiten und Behinderungen verändern Lebensgewohnheiten, Umzüge haben oft einschneidende seelische Folgen. Ein besonders gravierendes Erlebnis kann der Übertritt in ein Altersheim sein. Ein Mensch, der sich nicht mehr versorgen kann, der trotz mobiler Sozialdienste nicht mehr in der Lage ist, allein in seiner Wohnung zu bleiben, zieht in ein Altenwohnheim oder ein Altersheim, dem möglichst ein Pflegeheim angeschlossen sein sollte. Fortzugehen aus der gewohnten Umgebung, aus der Wohnung, in der man oft nahezu das ganze Leben zugebracht hat; alles aufzugeben, was Lebensinhalt und Lebenserinnerung bedeutet, kann so schwer sein, daß es von manchen wie Sterben empfunden wird. Altenpfleger wissen um diese Nöte ihrer Heimbewohner und auch darum, daß es nicht unbedingt Undankbarkeit ist, wenn sie verzweifelt, unruhig oder depressiv sind, mit der Umstellung nicht fertig werden können. Mit gütigem, aber auch geschultem Verstehen – Altenpflege ist ein spezieller Ausbildungsberuf – versuchen die Schwestern dem Neuankömmling den Wechsel in die neue fremde Umgebung möglichst zu erleichtern, helfen ihm, den neuen Lebensabschnitt bejahen zu lernen. Die Mitnahme eigener Möbel, Bilder, Bücher, liebgewordener Kleinigkeiten, wird nicht primär aus Kostengründen gestattet, sondern aus der Erkenntnis, daß sie die Umstellung erleichtern, das Empfinden, „nun sei alles aus", mildern und einen, wenn auch oft verkleinerten, aber doch persönlichen Schutzraum garantieren. Wichtig ist die Frage, ob Heimbewohner dort bis zu ihrem Tod bleiben können. In manchen Altersheimen stirbt man wie in einer großen Familie. Der Tod eines Mitbewohners bewegt alle. Soweit der Sterbende Angehörige und Freunde hat, können sie kommen und bei ihm bleiben, bis er die Welt verlassen hat. Oft kümmern sich die Heimbewohner in rührender Weise umeinander. Der Tod wird nicht verheimlicht, der Sarg nicht zur Hintertür hinausgeschoben – über das Sterben wird gesprochen. Dies ist eine große Hilfe für alle, die ihn nach menschlichem Ermessen bald vor sich haben.

Sterben und Tod zu Hause

Fast alle Menschen haben den Wunsch, zu Hause in vertrauter Umgebung zu sterben. Bei vielen geht dieser Wunsch nicht in Erfüllung. Abgeschoben ins Krankenhaus?

Fest steht, daß früher ältere Menschen, wenn sie gebrechlich wurden, zu ihren Kindern zogen. Diese Lösung ist zumindest in verstädterten Gesellschaften immer weniger möglich. Hinzu kommt, daß beide, Jung und Alt, ihre Freiheit und Unabhängigkeit schätzen oder die Wohnungen zu klein sind und sie deshalb häufig getrennt leben. Die zunehmende Zahl berufstätiger Frauen bringt es außerdem mit sich, daß die Töchter für die Pflege der Eltern weitgehend ausfallen. Ein weiteres Problem ergibt sich aus der radikalen Veränderung der Bevölkerungsstruktur. Waren Ende des letzten Jahrhundertes fünf Prozent der Deutschen älter als 65 Jahre, so sind es heute fünfzehn Prozent. Dramatisch aber ist der Anstieg der „wirklich alten" Menschen, also derer, die mehr als siebzig Jahre alt sind. Nach den Prognosen der UN-Altenkonferenz, die im Sommer 1982 in Wien stattfand, spricht man bereits von einer „ergrauenden Gesellschaft". Immer häufiger müssen deshalb Achtzig- oder Neunzigjährige, deren Kinder bereits sechzig oder siebzig Jahre alt sind, feststellen, daß diese schon eigene Gesundheitsprobleme haben und deshalb kaum Hilfe bieten können. Oft sind aber nicht nur die räumlich beengten Verhältnisse oder fehlende Kinder ein Grund. In vielen Fällen fühlt sich der Ehepartner – der meistens selbst auch schon älter ist – der Pflege eines Schwerkranken, eines Sterbenden, einfach nicht gewachsen. Wenn die Krankenpflege abgenommen würde, so meinen viele Ärzte, wäre der Ehepartner oder die Familie gerne bereit, die Sterbebegleitung zu übernehmen. Deutlich muß aber ausgesprochen werden, daß dem Schwerkranken bei manchen Krankheiten im Krankenhaus größere Hilfe und mehr Erleichterung gegeben werden kann. Die Entscheidung, ob ein Schwerkranker bis zu seinem Ende daheim gepflegt werden kann oder ob es sinnvoll und möglich ist, ihn zum Sterben nach Hause zu holen, liegt neben der familiären Bereitschaft selbstverständlich in erster Linie in der Verantwortung des Arztes. Nur er kann beurteilen, ob dem Kranken auch zu Hause die notwendige sachgemäße Pflege zuteil werden kann. Hält er dies für möglich, dann empfiehlt es sich, erst mit der zuständigen Krankenkasse, ggf. auch mit dem Sozialamt, zu sprechen und zu klären, ob unter den gegebenen Umständen „Häusliche Krankenpflege" in Anspruch genommen werden kann. Von dort erhält man auch den konkreten Hinweis, wie man zu einem Pfleger oder Schwester kommt.

Die Bereitschaft der Familie bleibt aber das wichtigste. Sie darf nicht als selbstverständlich vorausgesetzt werden, sondern bedarf einer gründlichen Überlegung. Offen sollte eine solche Entscheidung innerhalb der *ganzen* Familie besprochen und geprüft werden. Unterläßt man ein solches Gespräch, glaubt man, dies sei nur eine Sache der mit der Pflege unmittelbar beschäftigten Person, so kann das zu großen Problemen führen. Die seelische Bereitschaft, Schmerz, Leid und Kummer des Schwerkranken mitzutragen, ist nur die eine Seite. Darüber hinaus muß jeder bereit sein, ggf. auf bestimmte äußere Lebensgewohnheiten für einige Zeit zu verzichten. Das kann z. B. bedeuten, das eigene Zimmer zu räumen, auf Besuche zu verzichten oder einfach auch zu akzeptieren, daß sich die Mutter – die meist mit der Pflege beschäftigt ist – in dieser Zeit weniger um die Familie kümmern kann und erwarten darf, daß die anderen bereit sind, einen Teil ihrer Pflichten zu übernehmen. Das Erleben, den Angehörigen eine unerträgliche Last zu sein, wäre für den Patienten eine zusätzliche Belastung und brächte gleichzeitig Probleme innerhalb der Familie, die dem Kranken ebenfalls nicht verborgen bleiben könnten. Wer sich aber nach reiflicher Prüfung zu einem solchen Schritt entschließt, ihn sich „zu-mutet", dem werden auch die notwendigen Kräfte zufließen. Wir sind stärker als wir glauben. In dem Wort „zumuten" steckt das Wort Mut – setzen wir ihn doch ein. Oft erleben Menschen, die einen Angehörigen im Sterben begleiten, daß sie nicht nur die Gebenden, sondern die Beschenkten sind.

Man sollte dem Schmerz nicht ausweichen; hierfür ein Beispiel: Die Großmutter, von der Familie ihres Sohnes getrennt lebend, aber in ihr zutiefst beheimatet, ist krebskrank. Die Familie weiß dies – auch die Kinder. Wenige Wochen vor ihrem Tod gelingt es, die Großmutter zu einem längeren Besuch zu überreden, der, wie wohl alle ahnen, auch ihr letzter sein wird. Alle bewundern in welcher Würde und Haltung die Großmutter Krankheit und Schmerz erträgt; ihr Zustand verschlechtert sich rapid. Trotz des starken äußeren Verfalls, der nun eintritt, lassen es sich die Kinder nicht nehmen, ihre Großmutter zu versorgen, ihr die winzigen Mahlzeiten zu geben und an ihrem Krankenlager zu sitzen. Für beide Kinder ist es ein tiefes Erlebnis für ihr ganzes Leben. Die Konfrontation mit Leid, Qual, Schmerz und Tod erleben sie nicht irgendwo, irgendwann, allein, sondern geborgen in der Familie und der Liebe ihrer Eltern. Sie erleben deren Schmerz mit und konnten sich gegenseitig stützen.

Sterben und Tod im Krankenhaus

Wenn es aber trotz aller sozialer, äußerer Hilfen, trotz Bereitschaft der Angehörigen nicht möglich ist, die Pflege bis zum Tod in der Familie durchzuführen, dann sterben wir im Krankenhaus.

Die Gründe für die vielbeklagte Anonymität in unseren Krankenhäusern sind vielschichtig. Wer glaubt, ausschließlich Ärzte, Schwestern und Pfleger dafür verantwortlich machen zu können, vereinfacht in unzulässiger Weise. In vielen Kliniken bemüht man sich heute um Lösungen. Nicht wenige Klinikchefs vertreten die Auffassung, daß die moderne Betriebsorganisation des Krankenhauses, zumindest teilweise, Ursache für diese unerwünschte Unpersönlichkeit ist.

Auch ein Krankenhaus ist selbstverständlich ein Wirtschaftsunternehmen und muß als dieses organisiert, kalkuliert und disponiert werden. Ohne betriebswirtschaftliche Führung ist ein Krankenhaus heute nicht mehr denkbar. Eine optimale Auslastung der medizinischen Geräte und Einrichtungen ist ebenso notwendig, wie sich die tarifvertraglichen Rechte von Ärzten und Pflegepersonal in den

Dienstplänen niederschlagen müssen. Auch der Patient erwartet einen möglichst reibungslosen Ablauf, wird ärgerlich, wenn Pannen auftreten. Dagegen ist auch garnichts zu sagen und soweit ist auch alles in Ordnung.

Wo aber bleibt der Mensch?

Die Frage ist, wo im Betriebsablauf der Kranke, der Leidende, der Sterbende – in seinen Nöten, mit seinen persönlichen Bedürfnissen, seinem Wunsch nach Anteilnahme, nach einem Gespräch bleibt. Hat die Betriebsorganisation vergessen, ihn „einzuplanen", ihn, der mit seinen Wünschen und Anliegen eben nicht einzuplanen ist? Wer hat Zeit für ein persönliches Gespräch, das Angst und Ungewißheit nehmen kann? Nicht ein Gespräch mit abstrakten, wissenschaftlichen, technikbezogenen Informationen, die dem Patienten unverständlich sind. Die neue Umgebung des Krankenhauses ist für den Patienten sowieso fremd, er empfindet sie oft als feindlich. Die bisherigen vertrauten Kontakte sind unterbrochen, neue, z. B. zum Pflegepersonal, sind durch den häufigen Personalwechsel oft nur schwer möglich. Bald fühlt er sich verlassen, hat Angst vor der Anonymität, Angst, ein Fall zu sein.

Die Art, wie in vielen Häusern vom Patienten gesprochen wird – z. B. dem „Blinddarm von Zimmer 10" und nicht von Herrn Meier auf Zimmer 10 – ist zweifellos nicht böse gemeint, nur fördert sie dieses negative Erleben. Der Patient braucht den Arzt als Führer und Berater, als Gesprächspartner, als Freund, als Vertrauten, als Tröster. Ist der Arzt jedoch auf diese Rolle überhaupt vorbereitet? Hat er während seines Studiums gelernt, wie man mit Kranken, mit Sterbenden spricht? Kennt er ihre Bedürfnisse und Nöte? Und wenn, hätte er überhaupt die Zeit dazu? „Zeit" – so stellen heute viele Krankenhausärzte fest – „wäre eigentlich das Wesentlichste, was wir unseren Patienten geben sollten." Vielleicht ist daraus der Schluß zu ziehen, daß die Aufgaben eines Klinikchefs heute nicht ausschließlich – oder zumindest nicht in erster Linie – in der medizinischen Versorgung und in der Organisation liegen, sondern ebenso im sozialen und ethischen Bereich.

Bedingt durch kürzere Arbeitszeiten wechselt auch das Pflegepersonal häufiger und lernt den einzelnen Patienten weniger kennen. Der Patient verliert dadurch „seine Schwester", „seinen Pfleger". In einem für ihn undurchschaubaren Turnus wechselt das Personal; mehrere Personen betreten täglich sein Zimmer. Er kann also den so notwendigen Kontakt zu einer vertrauten Bezugsperson nur schwer herstellen, da er sich nicht gleichzeitig mehreren Personen anvertrauen, öffnen will. Darüber hinaus ist das Pflegepersonal mit Verwaltungsarbeiten vollgepackt. Da sind Listen, Formulare und Statistiken auszufüllen, als „Transport- und Rollschuhunternehmen" fühlen sich viele, wenn sie die Patienten in den endlosen Gängen riesiger Krankenhäuser zum Röntgen oder ins Labor fahren und wieder abholen müssen. Die Zeit für medizinische und pflegerische Leistungen am Patienten ist vorgegeben; das Gespräch, die Zuwendung zu dem Leidenden nicht. Es ist eine freiwillige, fast „persönliche Zusatzleistung", meinen manche. Dabei ist nach wie vor das soziale Element, die Hinwendung zum Kranken, der menschliche Bezug für die meisten bei der Berufsentscheidung ausschlaggebend. Aber diesen Idealismus durchzuhalten ist schwer. Mit beruflicher Enttäuschung entwickeln sich dann auch noch Schuldgefühle, dem Kranken nicht gerecht geworden zu sein und erschweren somit die menschliche Situation des Pflegenden. Daß sich diese Frustration auch auf die Patienten und das Stationsklima übertragen kann – wen darf das wundern? Grundsätzlich ändern wird sich letztlich erst dann etwas, wenn ein solch patientenorientiertes Verhalten nicht nur in der Ausbildung erworben, sondern auch in der Krankenhauspraxis durch die Organisation gefördert wird. Eine Erkenntnis, die aufhorchen lassen muß. Utopisch sind solche Ideen keinesfalls; so läuft z. B. am Klinikum rechts der Isar der Technischen Universität München ein Modellversuch – die bisher übliche „Funktionspflege" durch die „Bereichspflege" abzulösen. Hat in der Funktionspflege die Schwester bei mehreren Patienten nur bestimmte Tätigkeiten, z. B. Blutdruckmessen, vorzunehmen, so übernimmt sie in der Bereichspflege für ihre Patienten alle Tätigkeiten. Durch diese Art der Pflege wächst einerseits die Verantwortung der Schwester und damit die Freude an ihrer Arbeit; andererseits schafft sie die Möglichkeit erhöhter persönlicher Zuwendung gegenüber dem Patienten, weil sich die Schwester länger mit ihm beschäftigen kann.

Deshalb die Forderung: Mittelpunkt allen Geschehens im Krankenhaus hat der Kranke, der Leidende, zu sein. Die Organisation hat sich diesem Primat unterzuordnen – und nicht umgekehrt.

Sterbebegleitung

Wenn schon der auf Gesundung hoffende Mensch unter der Unpersönlichkeit leidet, was muß dann der Sterbende empfinden? Wer bereitet ihn auf das Ende vor? Ist solche Begleitung eine Aufgabe des Arztes? Der Medizinhistoriker Schipperges aus Heidelberg formuliert die Aufgabe des Arztes in dieser Lebensphase des Patienten so: „Nicht Eliminierung von Krankheit und Tod darf das Ziel der Medizin sein, vielmehr Linderung und womöglich Gesundung, wo aber nicht möglich: gleichbleibender Beistand, anhaltende Zuwendung, Begleitung auch des unheilbar Kranken." Dies ist das Bild eines das Leben und Sterben begleitenden Helfers. „Der Sterbende ist neben dem Säugling das hilfloseste Wesen. Er muß Vorrang haben vor allen anderen Patienten", sagt Dr. Böger, Chefarzt einer geriatrischen Klinik, und fährt fort „Ich sitze am Bett des Sterbenden und halte seine Hand, bis ich spüre, daß Christus sie übernommen hat."

Über Sterbebegleitung denken aber nicht alle Ärzte gleich. Viele vertreten die Auffassung, daß dies nicht ihre Aufgabe sei und sie haben dafür Gründe. Als für die meisten Menschen religiöse Bindungen noch allgemein gültig waren, fiel diese Aufgabe selbstverständlich den kirchlichen Vertretern zu – dem Pfarrer, der den Sterbenden kannte, dem Krankenhausseelsorger oder in den meist konfessionell geführten Krankenhäusern den Ordensschwestern. Diese Selbstverständlichkeit ist heute nicht mehr gegeben.

Sterbebegleitung wird in der Zukunft viele Formen haben müssen. Sie wird von der Biographie des Sterbenden ebenso abhängig sein wie von der des Begleitenden.

Aber auch in der traditionellen *Krankenhausseelsorge* scheint vieles im Umbruch zu sein. Viele Pfarrer haben heute neben ihrer theologischen Ausbildung auch Psychologie studiert – eine sicherlich positive Ergänzung. Man kann sich aber des Eindrucks nicht erwehren, als sähen manche von ihnen ihre Aufgabe mehr in der rein menschlichen, in der psychologischen, als in der seelsorgerischen Hilfe. Vielleicht ist diese leichter zu geben. Aber braucht es dafür einen Pfarrer? Es ist bemerkenswert, daß zwischen den Krankenhausseelsorgern auch keine einheitliche Auffassung darüber besteht, wie sie sich gegenüber den Patienten verhalten sollen. Ob z. B. der Pfarrer auf einen Patienten, der zwar seiner Konfession angehört, ihn aber nicht rufen läßt, zugehen soll; ob er sich auch um den kümmern soll, der keiner Konfession angehört, oder ob er sich darauf beschränken muß, den aufzusuchen, der seinen Beistand wünscht. Sicher ist es schwer, wenn der Seelsorger erst im letzten Augenblick gerufen wird. Wie soll da noch ein Kontakt, ein geführtes Gespräch entstehen? Was weiß er von diesem fremden Menschen? Kennt er seine Wertvorstellungen, seine persönliche Gläubigkeit? Es wäre sicherlich besser, der Pfarrer würde bereits zu einem früheren Zeitpunkt geholt, denn dann könnte er den Menschen im wahren Sinne des Wortes „begleiten". Aber meist scheitert das frühzeitige Holen eines Pfarrers an der schon mehrfach erwähnten Tabuisierung des Todes. „Wenn der Pfarrer geholt wird, dann ist es aus, dann steht das Ende unmittelbar bevor" sagen Angehörige, glauben Sterbende. Welch Verzicht auf die Hilfe religiöser Kräfte!

Aber wie ist es denn mit den *Angehörigen*? Sind es denn nicht sie, denen die Aufgabe, den Schwerkranken zu betreuen, ihn auf den Stationen des Weges zum Tod zu begleiten, in erster Linie zukommt? Im ersten Augenblick wird jeder ohne langes Nachdenken diese Frage mit „ja" beantworten. Sind dazu aber Angehörige wirklich immer in der Lage? Sind Liebe und Kraft dasselbe? Stehen sie nicht durch den Tod ihres Angehörigen vielleicht vor tiefgreifenden Veränderungen ihres eigenen Lebens? Wie können sie ihren Schmerz bewältigen? Durchleben sie nicht eigentlich dieselben Phasen wie der Sterbende selbst? Lehnen sie sich nicht ebenso gegen das Schicksal auf? Sind sie nicht selbst von Verzweiflung, Angst und Not wie gelähmt? Hilflosigkeit macht sich breit; was soll man sagen, wie trösten, wie helfen in einer Lebenslage, die man nicht mehr zum Besseren wenden kann? Sind alle Worte schal und leer – eine Farce? Wer hilft ihnen denn, sowohl ihr eigenes Schicksal anzunehmen als auch dem Sterbenden Hilfe, Ruhe und Kraft geben zu können? Die psychologische Führung der Angehörigen, hält Werner Forstmann, Chirurg und Nobelpreisträger, z. B. für eine wichtige Aufgabe des Arztes, die dieser zu übernehmen habe. „Denn", so meint er, „zu bewähren hat sich jetzt die Umgebung des Sterbenden, die Würde bewahren muß." Chefarzt Dr. Böger sieht die Aufgabe des Arztes ganz ähnlich. Er hat in seiner Klinik eine „Soziale Sprechstunde" eingerichtet, in der er sich selbst um die Angehörigen kümmert. In dieser Sprechstunde können sich die Angehörigen an ihn wenden, ihn um Auskunft über den Zustand des Patienten, aber auch um persönlichen Rat bitten. In solchen Gesprächen kristallisieren sich dann auch sehr bald die „Stärksten" der Angehörigen oder Freunde heraus, die, über die notwendigen seelischen Tragekräfte verfügend, sowohl dem Sterbenden als auch den übrigen Familienangehörigen eine besondere Hilfe sein können.

Letzte Station

Ein kleiner, weiß getünchter Raum, kahle, schmucklose Wände, nur die nötigsten, für die Pflege erforderlichen Einrichtungsgegenstände – sonst nichts; das ist in der Regel die Atmosphäre, in der wir unser Leben beenden. Angehörige stehen hilflos herum, weinen, sind verzweifelt, unfähig etwas zu sagen und warten. Dann gehen sie für kurze Zeit nach Hause oder die von auswärts Gekommenen in ihr Hotel, um eine Kleinigkeit zu sich zu nehmen, sich frisch zu machen. Am Abend verlassen sie das Krankenhaus mit der Angst, daß es inzwischen „passieren" könne. Die meisten Schwerkranken und Sterbenden belastet die Trennung von der Familie sehr.

Müssen Sterbezimmer so trostlos sein?

Der Sterbende soll durch den Betrieb des Krankenhauses nicht gestört werden, in ruhiger Abgeschiedenheit sterben können, lauten häufig die Antworten des Krankenhauses. Hat man denn wirklich kein Gefühl, kein Empfinden für den Unterschied von „Ruhe" und „Trostlosigkeit", von „Ausgestoßensein"? Nichts, aber auch garnichts Persönliches enthält dieser Raum. Kein Bild, an dem sich das Auge festhalten kann, kein vertrauter privater Gegenstand, der freundliche Erinnerungen wachrufen könnte. Diese sogenannte Ruhe hat nichts Feierliches an sich, sie ist würdelos; in einem toten Raum erwarten wir den Tod. Warum ist es eigentlich nicht selbstverständlich, daß Angehörige oder Freunde – wenn sie dies wünschen – Tag und Nacht bei dem Sterbenden bleiben können? Bei ihm am Bett sitzen, ihm still die Hand halten, den Schweiß von der Stirn wischen, kleine Verrichtungen übernehmen, vielleicht noch ein Gespräch führen, letzte Wünsche erfüllen, um dem Sterbenden so das Gefühl des Verlassenseins zu nehmen? „Rooming-in" beim Sterben müßte genauso möglich sein, wie auf den Entbindungsstationen vieler Frauenkliniken, bei denen dieser Gedanke vor Jahren auch noch neu war. Was bedeutet „Rooming-in"? Die selbstverständlichste Sache der Welt: Mutter und Kind werden nicht getrennt. Das Baby bleibt im Raum der Mutter und wird dieser nicht nur zum Stillen gebracht. Aber auch in manchen Kinderkliniken gibt es schon „rooming-in". Die Mutter versorgt ihr Kind teilweise selbst, gibt ihm die Mahlzeiten, spielt mit ihm und bannt somit die Angst vor der fremden, chromblitzenden Welt und dem Gefühl der Verlassenheit; die Ergebnisse sind durchwegs positiv.

Warum, so muß man sich fragen, wird die Vertrautheit der äußeren Umgebung und der menschlichen Zuwendung nur bei Kindern, nicht aber bei Schwerkranken, bei Sterbenden, anerkannt, hat das „Kommen" und das „Verlassen" dieser Welt nicht denselben Ursprung, dasselbe Ziel? Wir empfangen das Leben, aber wir geleiten es nicht hinaus. Ob wir unsere heutigen Verhältnisse menschenwürdig gestalten, liegt ausschließlich an uns. Wir müssen Räume schaffen, in denen ein Mensch in Ruhe und Würde sterben kann. Da die Gründe, die dagegen sprechen, in erster Linie im Organisations- und Verwaltungsbereich liegen, ist es nur eine Frage unserer Einstellung und unseres Willens, sie zu ändern.

Daß solche Gedanken nicht Phantasterei, sondern realisierbar sind, beweist z. B. die Filder-Klinik in der Nähe von

Stuttgart. Ehepartner können dort, soweit keine medizinischen Gründe dagegensprechen, sogar auf der Intensivstation neben dem Patienten übernachten; für das Krankenhaus sicherlich eine große Belastung. Was aber auf einer Intensivstation durchführbar ist, sollte in einem Sterbezimmer erst recht möglich sein.

Sinnlos und zugleich erschreckend ist allerdings die Frage, wer die „zuständige" Berufsgruppe für mehr Menschlichkeit sei. Daß dieser Streit nun auch schon die Mediziner trennt – gemeint sind die in den öffentlichen Medien ausgetragenen Auseinandersetzungen um die psychosomatische Medizin – ist bedauerlich. Es kann nicht angehen, den Menschen aufzuteilen in Leib, Seele und Geist – er ist eine Einheit. Wer in diesem Sinne nach „Zuständigkeiten" fragt, tut dies mit dem einzigen Zweck, den „Schwarzen Peter" hin- und herzuschieben und damit seiner persönlichen Verantwortung auszuweichen. Nicht nur Ärzte, Schwestern und Pfleger, Pfarrer, Krankenhausseelsorger, Psychotherapeuten, Sozialarbeiter, Beschäftigungstherapeuten, Angehörige oder Freunde – wir alle sind zuständig. Viele ehrenamtliche Helfer werden für die Betreuung alleinstehender, alter, kranker oder sterbender Menschen benötigt. Aber woher könnten diese Helfer kommen? Was können sie tun?

Viele „junge" Alte haben im Ruhestand das Gefühl, überflüssig zu sein, leiden unter dem Eindruck, nicht mehr gebraucht zu werden. Mütter, deren Kinder groß sind und das Haus verlassen haben, sind nicht mehr ausgelastet, wären oft bereit, eine neue Aufgabe zu übernehmen. Aber auch viele Jugendliche suchen nach sozialen Aufgaben, wollen im Dienst am Nächsten den Sinn des Lebens erkennen. Caritative Organisationen und Nachbarschaftshilfen bieten Kurse für Alten- und Krankenbetreuung an, auch für Sterbebegleitung. Krankenhäuser, Alters- und Pflegeheime könnten sich mit der Bitte, Ausschau nach Menschen zu halten, die an einer solchen Betreuungsaufgabe interessiert wären, an die Gemeindeverwaltungen, an die Pfarreien, an Ärzte wenden. Es gibt viele Wege, viele Formen des „Miteinander"-lebens.

Solche „Wahlverwandtschaften" oder „Patenschaften" bedürfen nicht einer Organisation, einer Institution, einer Verwaltung oder gar eines Gesetzes. Sie gründen sich aus der freiwilligen Bereitschaft des einzelnen. „Helfen dürfen bedeutet, die Würde des Menschen begreifen. Wer helfen kann, kann sich selbst finden." (H. von Hinüber)

Religiöses Todesverständnis

Von Eugen Biser

Vorbesinnung

Mitten im Leben sind wir vom Tod umgeben: diese alte Liedweisheit hat in einem tieferen Sinn recht, als man dem Wortlaut zunächst entnimmt. Denn der Tod trotzt allen Verdrängungsversuchen, er hält alle Fluchtwege schon im voraus besetzt, er dringt, wie die Sorge in Goethes ‚Faust' trotz wohlverschlossener Türen durchs Schlüsselloch ein, er überholt alle Anstrengungen, ihn wenigstens zu beschönigen und mit der Lebenswirklichkeit zu harmonisieren. Er begleitet uns wie ein unabweislicher Schatten, der uns um so störender in den Weg tritt, je mehr wir uns bemühen, an ihm vorbeizusehen.

Das läßt auf ein zutiefst zwiespältiges Verhältnis des Menschen zur Todeswirklichkeit schließen. Mit aller Macht versucht er, sich ihr zu entziehen und kommt schließlich doch nicht von ihr los. Darin besteht das Problem, das es, wenn schon nicht zu lösen, so doch aufzuhellen gilt. Wir müssen fragen: Wie kommt es zu diesem zwiespältigen Verhältnis? Und eingeschlossen in diese Frage ist die andere: Wie kommt es überhaupt zu unserem Wissen um den Tod? Anders gewendet: Wie kommt der Tod zu uns? An diese theoretische Ausgangsfrage schließt sich unmittelbar die praktische Gegenfrage an. Da der Mensch nicht in einem fortwährenden Zwiespalt leben kann, ohne daran zu zerbrechen, lautet diese Frage: Wie können wir das Todesproblem sinnvoll und konstruktiv in unsere Lebenswirklichkeit einbeziehen?

Ausgeblendet und doch präsent

In der philosophischen Todesreflexion der Gegenwart wurde wiederholt und nachdrücklich die Ansicht vertreten, daß erst die Erfahrung fremden Sterbens ein Todesbewußtsein entstehen lasse. Im Zug dieser Tradition, die sich bis auf Augustinus zurückführen läßt, ging Dieter Wyss so weit, sogar die Entstehung des menschlichen Selbstbewußtseins mit der sozialen Todeserfahrung in Zusammenhang zu bringen. Danach reißt der Tod des anderen eine derartige Lücke in unsere Lebenswelt, daß diese insgesamt aus den Fugen gerät. Im Rückschlag dieses Eindrucks auf das eigene Ich wird dieses seiner eigenen Todesverhaftung bewußt[1].

Der Ansatz ist insofern bedenkenswert, als er von einem ‚todlosen' Bewußtsein ausgeht. Tatsächlich scheinen wir zunächst nicht von unserer Todesverhaftung zu wissen. „Solange wir sind", sagt ein stoisches Sophisma, „ist der Tod nicht; wenn der Tod kommt, sind wir nicht mehr". Und es zieht daraus die Folgerung, daß der Tod uns nicht im geringsten etwas angehe. Von da führt ein direkter Weg zur Konstituierung jenes Ich, das sich im Erlebnis seiner Reflexivität der eigenen Existenz vergewissert weiß. Diese Vergewisserung ist uneingeschränkt. Sie sieht kein Ende ab. Und das besagt, das reflektierende Ich weiß um keinen Tod. Es kann sich nicht wegdenken. Es bewegt sich in der Sphäre der Begriffe, Geltungen und Normen, die allesamt Anspruch auf unabänderliche Gültigkeit erheben. Sein Reich ist die Ordnung, die Pascal als die des Esprit de géométrie beschrieben und von der Dimension des Esprit de finesse

---

[1] *D. Wyss,* ‚Zwischen Logos und Antilogos. Untersuchungen zur Vermittlung von Hermeneutik und Naturwissenschaft' (Göttingen 1981). Diese Position erörterte schon der zweite Band meiner christlichen Anthropologie ‚Dasein auf Abruf. Der Tod als Schicksal, Versuchung und Aufgabe' (Düsseldorf 1981).

unterschieden hat, in der die raisons du cœur gelten. Dort allerdings, in der Tiefe des Herzens, bricht mit seiner Unruhe auch das Todesbewußtsein auf; dort wissen wir: „Am Ende wirft man Erde auf den Schädel, und dann aus für immer!" (Pensées, § 210).

Von Pascal her läßt sich aber zeigen, wie sich das Durchschnittsbewußtsein dem Todesgedanken entzieht. Denn nicht nur das reflektierende Denken, auch das Alltagsbewußtsein weiß um keinen Tod, wenn auch aus ganz anderen Gründen. Nach Pascal hält es sich durch einen fortwährenden Verdrängungsakt den Todesgedanken vom Leib. Wir bauen unablässig eine Attrappe von Nichtigkeiten auf, um den Abgrund nicht zu sehen, dem wir tatsächlich entgegeneilen. Im Sinne Pascals könnte man genausogut sagen: Wir befinden uns ständig auf einem künstlichen und gegen besseres Wissen unternommenen Rückzug auf die Position des reflektierenden Ich, das um keinen Tod weiß. Wie aber kommt es dazu?

Eine erste, eher beiläufige Antwort lautet: aufgrund der Doppelnatur unseres Bewußtseins, das ebensosehr Automat wie Geist ist (§ 252). Für unser Denken gilt demgemäß nicht nur das Argument, sondern auch die Gewohnheit; und sie erbringt die stärksten Beweise. Dem Automaten verwandt aber weiß die Gewohnheit nichts von einem Ende. Ihre Zielvorstellung ist insgeheim die eines Perpetuum mobile. Ungleich tiefer dringt die zweite Antwort, die auf die Hinfälligkeit des Menschen abhebt (§ 171). Danach befindet sich der Mensch in einem Zustand konstitutiver Selbstwegwerfung; nur zu gerne überläßt er sich dem Spiel der äußeren Eindrücke, das ihn den Ernst der Existenzfrage vergessen hilft. Obwohl ihm alles Gültige und Große nur in der Sammlung und Konzentration auf sich selber gelingt, sucht er doch fortwährend nach immer neuer Zerstreuung (§ 139). Auf der ständigen Flucht vor sich selbst und seiner Weltbestimmung führt er ein Leben jener Illusionen, die ihm, wie Pascal deutlich genug zu verstehen gibt, unablässig von der Gesellschaft vorgespiegelt werden. Denn sie benötigt den von sich abgehaltenen, fremdgesteuerten und manipulierbaren Menschen, weil ihr nur an der Funktion, nicht aber an der Person gelegen ist.

In dieser Daseinsanalyse berührt sich Pascal unmittelbar mit Heidegger, mittelbar aber auch mit der marxistischen Ideologie. Mit Heidegger, der in ‚Sein und Zeit', das Menschsein als ein ‚Sein zum Tode' bestimmt und gleichzeitig die Fluchtwege deutlich gemacht hat, auf denen sich der Mensch fortwährend seiner Todesbestimmung entzieht. Was bei Pascal die Zerstreuung heißt, ist bei ihm die Alltäglichkeit, die gekennzeichnet ist durch die Suspendierung des selbstverantwortlichen Ich zugunsten der Diktatur des ‚Man', die für den Gewinn einer umfassenden Entlastung vorschreibt, was zu denken, zu entscheiden und zu tun ist.

Einer Annäherung an die marxistische Ideologie kommt das insofern gleich, als der zum Produkt der Gesellschaft erklärte Mensch vollauf den Tatbestand des selbstvergessenen, an die herrschende Denk- und Verhaltensweise hingegebenen Subjekts erfüllt. Und hier wird die Verheißung, die sich mit dieser Selbstpreisgabe verbindet, noch deutlicher; denn die als Integration der Individuen verstandene Gesellschaft kennt kein Ende, keinen Tod, es sei denn in Form jener Euthanasie, die das in sie integrierte Individuum unmerklich erleidet.

Schrecken und Faszination

Die reflektierende Vernunft weiß nichts vom Tod. Dennoch glitte die Fremderfahrung von menschlichem Sterben wirkungslos an uns ab, wenn uns nicht ein Grundwissen um den Tod gegeben wäre. Nie könnte die Fremderfahrung für uns bewußtseinsbildend werden, wenn sie nicht in uns Anknüpfungspunkte vorfände. Deshalb muß etwas in uns sein, das sich dem Tod nicht widersetzt, sondern ihn insgeheim erstrebt und sucht. Das hängt insgeheim mit dem Doppelaspekt des Todes zusammen, der gleichzeitig als Vernichtung und Faszination erlebt wird.

In seinem Vernichtungsaspekt gesehen ist der Tod der uns ständig begleitende Schrecken, die Quelle der unabweislichen Lebensangst. Sowenig der Mensch, wie Kant einmal sagt, den Blick in den Abgrund des göttlichen Seins ertragen kann, hält er den nicht weniger abgründigen Gedanken der eigenen Vernichtung aus. Sein gesamter Seinswille bäumt sich gegen die Vorstellung auf, eines Tages ausgelöscht und aus dem Buch der Lebenswelt gestrichen zu werden. In diesem Aufbegehren liegt auch die tiefste Wurzel der von Pascal mehr beschriebenen als schon analysierten Todesverdrängung, bei der es erst der gegenwärtige Zeitgeist zur vollen Meisterschaft gebracht hat. Um so scharfsinniger beschrieb Pascal in seiner Analyse der Zerstreuung die Vorstufe dazu, indem er deutlich machte, daß die Todesverdrängung einen Akt der Selbstpreisgabe zur Voraussetzung hat[2]. Wer dem Tod zu entfliehen sucht, befindet sich, so begreiflich seine Reaktion erscheinen mag, gleichzeitig auf der Flucht vor sich selbst. Umgekehrt unterstreicht gerade dieser Tatbestand die Ungeheuerlichkeit des von dem Tod ausgehenden Schreckens. Wie furchtbar muß dieser dem Menschen in Mark und Knochen sitzen, wenn er ihn, nur um vergessen werden zu können, zur Preisgabe seiner selbst veranlaßt?

Wie die Todesmeditation der Menschheit seit alters wußte, macht aber der Schrecken nur die eine Seite der Todeserfahrung aus. Im Zentrum der Todesangst, deren Peri-

---

[2] Sie verhält sich spiegelbildlich zum Akt der personalen Selbstergreifung, der mit ihm zusammen die Spannweite der Geschichte ausmißt, die der Mensch mit sich selbst durchlebt. Dazu Band I meiner christlichen Anthropologie ‚Menschsein in Anfechtung und Widerspruch‘ (Düsseldorf 1980); ferner die Ausführungen meiner Schrift ‚Der schwere Weg der Gottesfrage‘ (Düsseldorf 1982) 94–118.

pherie von hektischen Fluchtbewegungen gebildet wird, herrscht einer vielfach bestätigten Erfahrung zufolge eine seltsame Windstille der Seele, die das Gefühl der Beruhigung, ja eines betörenden Wohlseins vermittelt. Am eindrucksvollsten spricht davon die Odyssee, wenn sie ihren knapp dem Verderben entronnenen Helden, der die schlimmste aller Gefahren in Gestalt der Seeungeheuer Skylla und Charybdis vor sich sieht, den einschmeichelnden Gesang der Sirenen vernehmen läßt. „Komm, berühmter Odysseus, du heller Glanz der Achäer!" singen sie, „lenke dein Schiff ans Land und lausche unseren Stimmen!" Und sie verbinden mit dieser Lockung das freilich höchst zweideutige Versprechen, daß ein jeder, der ihrem Gesang lauschte, als ein anderer fortging: „vergnügt und weiser als vormals".

Wenn man den makabren Hintersinn dieses Versprechens beiseite läßt, weist dieses Wort bereits auf eine Zentralstelle der biblischen Todesmeditation voraus: auf die Bitte des 90. Psalms: „Lehre uns unsere Tage zählen, damit wir zur Weisheit des Herzens gelangen" (90,12). Der Tod stürzt den Menschen somit nicht nur in Panik und Entsetzen; er verbindet sich vielmehr auch mit dem Eindruck, durch ihn zur Ruhe – auch im Sinn der nur dem Weisen erreichbaren Gipfelruhe – geführt zu werden. Die Todesangst selbst, in ihrer windstillen Mitte, trägt diese Verheißung in sich.

Es wäre voreilig, daraus Schlüsse im Sinn einer möglichen Todesbewältigung zu ziehen. Wohl aber wird auf diese Weise klar, wie wir zum Tod, oder besser gesagt, wie der Tod zu uns kommt. Denn der gefürchtete, im Aspekt des Schrecklichen gesehene Tod bleibt außer uns; wir gehen zu ihm, dem Inbegriff des Furchtbaren, unwillkürlich auf Distanz. So bleibt er dann aber auch für uns undenkbar, weil alle Erkenntnis mit einem Akt der Identifikation beginnt. Anders der Tod, der mit der Verheißung von Ruhe und Weisheit einhergeht. Er geht uns nahe, er leuchtet uns ein. Und damit erreicht er jenen Grad der Annäherung, die sein Bedenken möglich macht. Wie die Analyse der Angsterfahrung zeigte, ist das aber an eine entscheidende Bedingung gebunden. Die Todesangst muß bis dorthin durchgehalten werden, wo sich ihre windstille Mitte auftut. Wenn das nicht geschieht, bleibt der Tod das große Schreckgespenst. Wenn es gelingt, wird er denkbar. Der Ton liegt allerdings auf dem Moment der Möglichkeit. Uns ist kein Wissen, sondern allenfalls ein Vorwissen um den Tod gegeben. Wir tragen diese Vorkenntnis als einen dunklen Bescheid in uns. Und es bedarf des äußeren Anstoßes in Gestalt der Fremderfahrung vom menschlichen Sterben, um daraus ein aktuelles Bewußtsein und damit einen Vorbegriff von ihm entstehen zu lassen.

Wie sich beim Einstieg in das Problemfeld eine Querverbindung zur marxistischen Sozialtheorie ergab, so hier zur Problematik des Selbstmords. Bei aller Berechtigung der Motivationsforschung, ihn auf Zwänge lebensgeschichtlicher, psychologischer oder sozialer Art zurückzuführen, muß doch auch der Wandel im Todesbewußtsein in Rechnung gestellt werden, der sich bei jedem Suizid, gleichviel welcher Veranlassung, abspielt, damit die Tat überhaupt zustande kommt. In der Phase der Endmotivation muß es zu einem völligen Perspektivenwechsel kommen, so daß der Tod unversehens seinen Schrecken verliert und im Vergleich zu der erlittenen Lebensnot als der einzige Ausweg in einen befreiten, befriedeten Endzustand erscheint. Dann aber ist zu fragen, ob sich hier nicht ein Zusammenhang mit dem Erkenntnisproblem des Sinnes herstellt, daß das Bedenken des Todes als die geistige Bewältigung eben jener Faszination angesehen werden kann, welcher der Selbstmörder verfällt, wenn er Hand an sich legt.

Unterwegs zu einem wirklichen Todesverständnis

Wie aber gelangen wir vom Vorbegriff, der sich aus dem dunklen Bescheid in der Existenztiefe ergibt, zum Vollbegriff, anders gefragt: wie kommen wir vom Wissen um die Sterblichkeit des Menschen zu einem wirklichen Todesverständnis? Wenn der Weg dazu erfolgreich zurückgelegt werden soll, bedarf es vor allem einer zweifachen Hilfe, die freilich von unterschiedlichem Gewicht ist. Es handelt sich einmal um das Todesbewußtsein der Menschheit, niedergelegt in den Zeugnissen der Dichtung, der Kunst, der Musik und der Philosophie. Ungleich gewichtiger ist das Zeugnis des Glaubens, das sich keineswegs in der Bestärkung der menschlichen Jenseitserwartung erschöpft, sondern bereits in den alttestamentlichen Schriften wichtige Hinweise zu einer religiös motivierten Todesdeutung gibt.

Im vorliegenden Zusammenhang sollen aus der Fülle der geistigen Todeszeugnisse nur einige wenige aus dem Bereich der Dichtung und Philosophie aufgerufen werden. Alle Dichtung ist, näher besehen Todesdichtung, die antike mehr als die mittelalterliche, die gegenwärtige mehr als die klassische. Sie betont die Unentrinnbarkeit und Lockung, aber auch die integrative Funktion des Todes. Denn das ‚Interview mit dem Tode' (Nossack), das jeder Dichter versucht, führt, wenn es gelingt, wie jeder Dialog dazu, daß sich der Fragende in seinem Gegenüber besser verstehen lernt. Insofern geht es der Dichtung nie nur um Strukturerhellungen, sondern im Zusammenhang mit ihnen immer auch um Entscheidungshilfen, die zur Gewinnung eines angemessenen Verhältnisses zur Todeswirklichkeit anleiten. Überragendes Beispiel aus der Antike ist, wie bereits angedeutet, die Odyssee, die im weiten Bogen der von ihr geschilderten Abenteuer die ganze Variationenfolge möglicher Todesperspektiven durchspielt. Das von ihr entfaltete Spektrum reicht von der Beschwörung des Grauens in der ‚Nekyia', dem Abstieg des Helden in die Unter-

welt, bis zu der erotisch getönten Beschreibung der Todesverlockung in der Szene, mit der Odysseus seinen Lebensbericht vor seinen Rettern, den Phäaken, beschließt:
„Neun Tage trieb ich umher; doch in der zehnten der Nächte
Führten die Himmlischen mich nach Ogygia, wo Kalypso wohnt,
Die schöngelockte, die hehre, melodische Göttin;
Huldreich nahm sie mich auf ..." (XII, 447–450)

Damit verglichen ist das wichtigste Todeszeugnis der modernen Literatur, Hermann Brochs ‚Tod des Vergil' (von 1945) von einer geradezu monothematischen Kargheit. Indessen führt Broch seinen Leitgedanken eines ‚Schöpfungsrücklaufs' auf ungemein suggestive Weise durch. Nicht umsonst hielt Thomas Mann den Roman „für eines der ungewöhnlichsten und gründlichsten Experimente, das je mit dem flexiblen Medium des Romans unternommen wurde". Zweifellos gilt das von keiner Passage in auch nur annähernd so hohem Maß wie von der abschließenden Todesszene, in welcher der sterbende Dichter das von der Genesis erzählte Sechstagewerk im Gegensinn, also von der Menschenschöpfung bis zum Erklingen des schöpferischen Wortes, durchläuft. Nachdem das ‚Lächeln des Menschlichen' aus dem Garten, den er durchschreitet, verschwunden ist und sich auch der ‚Tiernebel' zunächst ins ‚Sternenhafte', dann ins ‚Pflanzenhafte' verflüchtigte, erreicht ihn der „Befehl zur Umwendung" – der Widerruf des an Orpheus ergangenen Rückschau-Verbots –, der ihn in der Mitte des Weltenschilds das Zeichen des „kampflosen Friedens", aufleuchtend im „Bild des Knaben im Arme der Mutter", gewahren läßt. Der ‚Rest' ist, anders als bei Hamlet, nicht Schweigen, sondern der Hall des über dem All schwebenden Wortes, der ihn im Augenblick des Todes in das Reich „jenseits der Sprache" entrückt.

In seiner unterschwelligen Dialektik bringt das Bild die Gleichzeitigkeit von Entzug und Gewährung im Todeserlebnis zum Ausdruck. Indem der Titelheld von Stufe zu Stufe zurückfällt und dabei der damit gegebenen Seinsqualitäten entkleidet wird, erreicht er nicht etwa den Nullpunkt seiner Existenz, sondern den Augenblick einer letzten, krönenden Friedensschau, in der ihm vor Augen tritt, was im Tod auf ihn wartet. Damit schlägt die Schlußszene des Romans zugleich die Brücke von den dichterischen zu den philosophischen Todeszeugnissen. Ihnen geht es von Anfang an darum, die unter dem von ihm ausgehenden Schrecken verborgene Seite des Todes und damit seine konstruktive Rolle im menschlichen Daseinsvollzug aufzudecken: den mit ihm geschaffenen Ausgleich im Spannungsverhältnis von Daseinsschuld und Sühne (Anaximander), seine Indifferenz gegenüber dem Leben in der Perspektive der ‚Unsterblichen' (Heraklit), die von ihm bewirkte Rückführung des Menschen in die seinem Lebenseintritt vorangehende Geborgenheit (Seneca), seine Rolle als ‚Bedingung' des Menschseins überhaupt (Montaigne), seine Identität mit der ihn als Negation aufhebenden Liebe (Hegel), seine Relativierung durch das sich der Objektwelt einhauchende Ich (Fichte), seine Einbeziehung in den tragenden, alles umfassenden Lebensgrund (Feuerbach), seine Hinweisfunktion auf die Transzendenz (Jaspers), seine integrative Position in der Hinfälligkeit des Daseins (Heidegger), seine erkenntnistheoretische Erschließungsfunktion (Rosenzweig). Mit diesen Deutungen widersetzt sich die philosophische Reflexion zwar aufs nachdrücklichste der gerade der modernen Gesellschaft zugrundeliegenden Tendenz, den Tod aus dem herrschenden Bewußtsein zu verbannen und, soweit dies nicht angeht, ihn wenigstens mit den Mitteln einer perfektionierten ‚Todeskosmetik' zu bagatellisieren; doch herrscht in ihrem Todesverständnis ein zu heterogener Pluralismus, als daß von ihm allein die ‚Annahme der Todesrealität' erwartet werden dürfte. Schon aus diesem Grund ruft ihr Zeugnis nach der stärkeren Beweiskraft des Glaubens.

Gläubige Todesbewältigung

Obwohl in der alttestamentlichen Scheol ‚Totenstille' herrscht, weil sich der Gott der Lebendigen, durch dessen Atem alle leben, von ihr zurückhält, kommt es im Glaubenszeugnis der Spätschriften, vor allem der Weisheitsbücher, zu Aussagen, die dem Ereignis des Todes einen positiven Sinn, zumindest einen hilfreichen Hintersinn geben. So ist das Totenreich für das Buch Hiob der Ort des großen Ausgleichs, an dem die Stimme des Fronvogts das Ohr der Gefangenen nicht mehr erreicht und der Knecht dem Zugriff seines Herrn entzogen ist (3, 17 ff). Bevor von einer wirklichen Todesbewältigung die Rede sein kann, bietet sodann das Buch Kohelet das Paradigma einer poetischen Todesverklärung, wenn es von den Tagen spricht, „von denen du sagst: sie gefallen mir nicht" und schließlich in suggestiven Metaphern den Eintritt des Todes schildert: „wenn der Mensch seinem ewigen Haus entgegengeht und auf der Straße die Klageweiber kommen; bevor der silberne Strick zerreißt, die goldene Schale zerspringt, der Krug an der Quelle zerschellt und das Rad am Brunnen zerbricht; wenn der Staub zur Erde kehrt und der Odem zu Gott zurückkehrt, der ihn gab" (12, 5 ff).

Überraschendes Beispiel der vollendeten Todesbewältigung ist die hymnische Stelle aus dem Geist-Kapitel des Römerbriefes, die im Bewußtsein der sieghaften Liebe Christi den Tod, um es mit einer Wendung Nietzsches zu sagen, bereits hinter und außer sich hat:
„Wer wird uns trennen von der Liebe Christi? Trübsal oder Bedrängnis oder Verfolgung oder Hunger oder Blöße oder Gefahr oder Schwert? Ich bin gewiß, daß weder Tod noch Leben, weder Engel noch Herrschaften, weder Gegenwart noch Zukunft ... noch irgendein anderes Geschöpf uns trennen können von der Liebe Gottes, die in Christus Jesus ist, unsrem Herrn" (8, 31–39).

Das entscheidende Zeugnis des Neuen Testament besteht jedoch nicht so sehr in einer wenn auch noch so kraftvollen Aussage als vielmehr in dem paradigmatischen Tod Jesu. Wie gerade der älteste Bericht, um dessen Rekonstruktion sich die Gegenwartstheologie bemüht, erkennen läßt, stirbt Jesus im Anschein eines radikal Preisgegebenen, womöglich Gescheiterten, dem alle Hilfen im Sinn menschlicher Trost- und Heilserwartung versagt bleiben. Weder erscheint ein himmlischer Retter noch rührt sich eine Menschenhand, um seine Qual auch nur zu lindern. So schlägt die Woge einer äußersten Verlassenheit über ihm zusammen. Und davon scheint auch das Eingangswort des 22. Psalms zu sprechen, das die reflektierende Urgemeinde aus seinem Todesschrei heraushörte. Dennoch stirbt Jesus nicht als ein Verzweifelnder. Wer ihm dies nach Art moderner Deutungen unterstellt, hat den dialogischen Hintersinn seines Notrufs nicht begriffen. Er klagt zwar über die von ihm erlittene Verlassenheit, doch behält er den Gott, der ihn verließ, als den Adressaten seiner Klage. Von einem Verlust der Gottesbeziehung kann somit nicht die Rede sein. Nur eins geschieht: diese Beziehung wird auf ihren innersten Kern zurückgenommen und aller andern Qualitäten entkleidet. So behält Jesus zwar Gott, aber nicht mehr als den Gott der Zuflucht, der Rettung und des Trostes, sondern allein noch als den Gott in seiner absoluten Göttlichkeit. Doch gerade von daher gestaltet sich das Verhältnis zu ihm neu. Der Notschrei findet Erhörung. Behielt er Gott zunächst nur als den Adressaten seiner Klage, so erfährt er ihn jetzt als die alle menschliche Sinnerwartung sprengende Antwort auf sie. Es ist die Antwort jenseits aller kategorialen Hilfe, gegeben allein durch die Göttlichkeit Gottes. Was das konkret besagt, entzieht sich jeder Vorstellungskraft und bleibt demgemäß auch im Ablauf der Geschehnisse verborgen. Das Todesgeschehen nimmt seinen unerbittlichen Gang. Doch in der Morgenfrühe des ‚dritten Tags' wird manifest, worin die göttliche Antwort bestand. Nach anfänglichem Schwanken zwischen dem Interpretament ‚Erhöhung' und ‚Auferstehung' wird sich die Christenheit schließlich für das letztere entscheiden und ihren Osterglauben mit dem Satz bekennen: auferweckt am dritten Tage. Doch bringt sie damit nur zum Ausdruck, was mit der Erhörung des Notschreis Jesu bereits grundsätzlich gewährt und gegeben war. In die Nacht seines Sterbens fiel bereits der Strahl des Osterlichts.

Integratives Todesverständnis

Auch dem Glauben ist es nicht gegeben, den Schrecken des Todes zu bannen und das Lebensende in das Licht reiner Positivität zu rücken. Indessen würde sich jeder Versuch dieser Art ohnehin als realitätsfern entlarven und überdies den Anschein erwecken als verfalle er insgeheim der von der Alltagswelt betriebenen Todesverdrängung. Nein, auch für den Glaubenden behält der Tod seinen Schrecken, der von dem unüberholbaren Abbruch aller Lebensbeziehungen, der Überwältigung des Daseins durch das Nichts, ausgeht. Der Tod bleibt der Sturz in den Abgrund; denn er ist, wie Schopenhauer betont, „der Untergang des Individuums, als welcher er sich unverhohlen kundgibt, und da das Individuum der Wille zum Leben selbst ... ist, sträubt sich sein ganzes Wesen gegen den Tod". In diesem Aufbegehren liegt zugleich das Eingeständnis totaler Hilflosigkeit, bei der es auch unter der Voraussetzung bleiben wird, daß es der medizinischen Forschung gelingt, die menschliche Lebenserwartung auf das Doppelte oder Dreifache der jetzigen Größenordnung auszudehnen. An der Todesrealität bricht sich die fast grenzenlose Kompensationsfähigkeit des Menschen; gegen den Tod ist, wie die Sprichwortweisheit sagt, kein Kraut gewachsen.

Der entscheidende Schritt in ein integratives Todesverständnis wird aber dann getan, wenn im Sinn der alttestamentlichen Aussagen die befreiende Wirkung des im Tod erlittenen Abbruchs mitbedacht wird. Denn im Tod fällt der Mensch nicht nur aus dem Beziehungsnetz des Lebens heraus; vielmehr fallen mit diesen Beziehungen auch die Fesseln von ihm ab, in die er sich zunehmend verstrickte. Auch das gehört zu den Erfahrungsgehalten, die sich aus dem paradigmatischen Tod Jesu ergeben. Denn er, der Stifter der Freiheit, unterliegt nach wiederholten Hinweisen des Neuen Testaments Vorbehalten und Zwängen, die erst in der Todesstunde von ihm abfallen[3]. Indessen hatte sich bereits das alttestamentliche Todeszeugnis zu dieser Einsicht erhoben, wenn es die Unterwelt als den Ort der hinfällig gewordenen Herrschaftsverhältnisse und der gesprengten Fesseln deutet. So ist der Tod nicht nur der Vernichter aller Lebensgehalte, sondern ebenso auch der große Befreier, der dem ihm Anheimfallenden alle Zwänge und Bindungen abnimmt.

Indessen hält die christliche Sicht des Todes eine noch größere Erkenntnis bereit. Sie erschließt sich am leichtesten, wenn man die Analogie bedenkt, in welche Gertrud von le Fort den ‚Schwindelblick der Angst' (Kierkegaard) mit der Gebetserfahrung setzte[4]. Danach stürzen beide, der vom Tod Geängstete ebenso wie der Beter, in den Abgrund des Nichts, doch mit dem Unterschied, daß sich der Beter dort, wo der Geängstete ins Bodenlose fällt, aufgefangen und gehalten weiß. Was ihn trägt, ist nach dem Urteil der Dichterin der göttliche Grund aller Geschichte, dem er sich betend zuwandte. Aus dem Ursprung dieser Grundrelation stellt sich dann aber, wie vor allem die Todesdeutung Fichtes zu verstehen gibt, in letzter Konsequenz auch das ganze Geflecht der mitmenschlichen Beziehungen, wenngleich in transformierter Gestalt, wieder her. Was er im Abbruch der

---

[3] Näheres in dem Abschnitt ‚Die drückende Fessel' meines Jesusbuchs ‚Der Helfer' (München 1976) 68–71.
[4] Dazu meine Monographie ‚Überredung zur Liebe. Die dichterische Daseinsdeutung Gertrud von le Forts' (Regensburg 1980) 123 f.

initialen Todeserfahrung verlor, eignet sich dem Sterbenden zuletzt wieder zu, nur daß er seine Identität jetzt nicht wie früher in Akten der Abscheidung, sondern der Verbundenheit und Hingabe gewinnt. Vernichtung, Befreiung und Verbundenheit erweisen sich so als die bestimmenden Komponenten des integrativen Todesverständnisses. Es mußte und muß immer neu erarbeitet werden, wenn die christliche Hoffnung auf ein Fortleben nach dem Tod und auf die Zugehörigkeit zur Communio Sanctorum nicht im luftleeren Raum schweben soll. Denn die Ewigkeit kann nichts bringen, was nicht bereits im Akt des Sterbens angebahnt wird. Erst wenn die ewige Zukunft schon im Tod beginnt, ist er die wirkliche Initiation in ein erneuertes, ewiges Leben. Deshalb muß dem Tod mehr Recht als bisher widerfahren, wenn er nicht nur als das Ende, sondern als die Verwandlung des Lebens begriffen werden soll.

Hoffnung über den Tod hinaus – Einübung des Lebens

Von Christoph von Schönborn O. P.

C. G. Jung hat einmal gesagt, der Glauben an die Unsterblichkeit gebe „dem Leben jenes ungestörte Fließen in die Zukunft, dessen es zur Vermeidung von Stockungen und Regressionen bedarf".[1]

Aus zwei Gründen vor allem, so scheint mir, besteht heute auch unter Theologen eine gewisse Scheu, sich einem Thema zuzuwenden, das wohl seit eh und je mit dem Gedanken an Sterben und Tod verbunden ist: Sterben – und Unsterblichkeit; Tod – und „Leben nach dem Tod". Den ersten Grund sehe ich in der Verunsicherung, die durch die Religionskritik seit der Aufklärung vielfach entstanden ist: Ausblick, Hoffnung auf Unsterblichkeit gilt als „privatisierender Egoismus", als Anmaßung, als Verweigerung, sich in das Ganze integrieren zu lassen, als Beharren auf der eigenen Partikularität (so bei Hegel)[2]; gilt als Nicht-Ernst-Nehmen des Todes (Hegel betont das mit hinreißendem Pathos). Besonders im Gefolge von Karl Marx wird diese Kritik an der Unsterblichkeitshoffnung sozial gewendet und verstärkt dadurch ihre Wirkung: „Jenseitsvertröstung" wird zum Schlagwort, mit dem jedes Reden vom „ewigen Leben" zur unsozialen Ausflucht erklärt wird: der Einsatz für eine gerechtere Welt wird zum exklusiven Gegensatz zur Hoffnung auf den „Himmel", auf das ewige Leben.

Der zweite Grund liegt in der heute ungeheuer verbreite-

---

[1] Welt der Psyche (München 1973⁴) 61 f.
[2] Vgl. die Texte bei *H. U. von Balthasar,* Theodramatik, Bd 1 (Einsiedeln 1974) 542 ff.

ten Ansicht, die „unsterbliche Seele" sei etwas, was die griechische Philosophie als Kuckucksei in das noch unverdorbene Nest der jungen Christenheit gelegt habe. Der ausgebrütete Kuckuck habe dann allmählich das ursprünglich biblische Erbe aus dem Christentum herausgeworfen: nämlich eine „biblische Anthropologie", in der man von einem Leib-Seele-Dualismus nichts wisse, folglich auch nichts von einer unsterblichen Seele, die den Tod des Leibes überdauere. Der Mensch der Bibel sei vielmehr ein Ganzes, der Tod betreffe den ganzen Menschen, es gehe nicht um Unsterblichkeit der Seele, sondern darum, daß die Auferstehung des ganzen Menschen verheißen sei.

Unsterblichkeitshoffnung gilt daher vielfach als unsozial und unbiblisch. Das genügt oft, daß der Prediger, der solche, meist mit Überzeugung und wissenschaftlichem Anspruch vorgetragene Thesen hört und liest, den Mut verliert, vom „ewigen Leben" zu predigen. Damit ist aber den Predigten ein wichtiges Element verloren gegangen, an dem man früher mit einiger Sicherheit ablesen konnte, daß die Predigt bald zu Ende sein wird: Wenn der Pfarrer von der Ewigkeit zu sprechen begann, wußte man, daß man jetzt bald das „Amen" werde sagen können!

Die gegenwärtige Flut von Literatur über „Leben nach dem Tod" ist zwar kein Beweis dafür, daß Hoffnung auf Unsterblichkeit nicht unsozial und unbiblisch sind, sie zeigt aber, wie wichtig es ist, daß die Christen dieses Thema von ihrer Warte aus beleuchten, daß wir „Rechenschaft geben von der Hoffnung, die in uns ist" (1 Petr 3,15).

Solche Rechenschaft möchte ich als Christ hier versuchen, weniger mit dem Anspruch des Fachtheologen, als vielmehr als „normaler Gläubiger", dem der Glauben ein Licht bedeutet, das seinen Weg erhellt und Irrwege zu unterscheiden hilft. Ich werde dabei nicht versuchen, die ganze Debatte um „Unsterblichkeit der Seele oder Auferstehung der Toten" zu referieren und dazu Stellung zu nehmen. Ich möchte etwas Einfacheres unternehmen: Ich möchte zunächst zeigen, wie wesentlich Hoffnung auf den „Himmel", das „ewige Leben" zur christlichen Botschaft gehört und wie sehr ferner gerade von der christlichen Jenseitshoffnung stimmt, was C. G. Jung allgemein von der Unsterblichkeitshoffnung sagt: daß sie zu einem menschlicheren, „gelungenerem" Leben hilft, daß sie auch eminent sozial ist.

Dabei wird freilich auch deutlich werden, daß die Unsterblichkeitshoffnung des christlichen Glaubens von anderen Unsterblichkeitskonzeptionen verschieden, z. T. sogar mit ihnen unvereinbar ist (ich denke dabei bes. an die z. Z. wahre Triumphe feiernde „wissenschaftlichen" Unsterblichkeitsthesen – etwa an Jean Charons unsterbliche Elektrons – oder Jacobsons parapsychologische Erklärung, aber auch an die Flut an reinkarnationistischer Leben-Nach-dem-Tod-Literatur[3].

„Hoffnung über den Tod hinaus"

Die Geheime Offenbarung, das letzte Buch der Bibel, schließt mit dem gewaltigen Ausblick:

„Siehe – so spricht der, der auf dem Throne sitzt – siehe, ich mache alles neu" (Offb 21,5).

Diese Verheißung richtet sich auf ein Jenseits von Zeit und Welt. Kein Zweifel für die Bibel, daß diese unsere Zeit und diese unsere Welt vergehen. Dazu bedarf es im übrigen gar keiner besonderen Offenbarung. Jeder Mensch weiß – oder kann wissen –, daß nicht nur er selber vergeht, sondern daß diese Welt vergeht, verglüht oder vereist, sich auflösen wird ... Was aber nicht evident ist, ist die Verheißung, die in der „Geheimen Offenbarung" steht: „Und ich sah einen neuen Himmel und eine neue Erde;

---

[3] *Jean E. Charon,* Mort voici ta défaite (Paris 1979); *Nils-Olof Jacobson,* Leben nach dem Tod? (Düsseldorf 1973).

denn der erste Himmel und die erste Erde sind verschwunden, und das Meer ist nicht mehr" (Offb 21,1); der 2. Petrusbrief fügt hinzu: „Wir erwarten aber nach seiner Verheißung neue Himmel und eine neue Erde, in denen Gerechtigkeit wohnt" (2 Petr 3,13). Wie diese Gerechtigkeit aussehen soll, sagen Bilder der Apokalypse: „Gott wird abwischen alle Tränen von ihren Augen, und der Tod wird nicht mehr sein, und kein Leid noch Geschrei noch Schmerz wird mehr sein; denn das Erste ist vergangen. Siehe ich mache alles neu" (Offb 21,4f).

Die Wucht dieser Bilder ist unwiderstehlich. Und doch traut man sich heute oft nicht so recht, sie zuzulassen. Die besagte Kritik meint, solche Bilder würden zu leicht zur Jenseitsvertröstung mißbraucht, der Mensch werde demotiviert, hier und jetzt gegen Leid und Unrecht zu kämpfen, weil es ja erst dort und dann Trost und Gerechtigkeit geben werde. Ganz abgesehen von dieser Kritik stellt sich die viel schärfere Frage: Wieweit ist der „Himmel" für die Christen heute, für die unter uns, die sich als Christen betrachten, ein Sehnsuchtsbild? Wieweit wirkt für sie und für mich der Ausblick auf das ewige Leben motivierend, handlungsprägend, zielgebend für unser Leben und Sterben? Zwar bekennen wir im Credo, daß wir „an das ewige Leben" glauben; zwar spricht die Liturgie ständig von dem kommenden Leben, an dem wir Anteil erhalten werden. Aber können wir von uns sagen, daß uns als *die* Frage bewegt, was den Schriftgelehrten Juden bewegte, der Jesus fragte: „Guter Meister, was muß ich tun, um das ewige Leben zu erlangen" (Lk 18,18)? Wirkt diese Frage heute nicht maßlos egoistisch? An sein eigenes ewiges Heil denken, wo hier und jetzt die Menschen gefoltert werden und verhungern?

Die Hoffnung auf das ewige Leben ist nun freilich in den Grundtexten des Christentums so wesentlich, daß wir uns schwerlich der Frage entziehen können, ob wir Christen sind, wenn wir diese Hoffnung nicht teilen. Was machen wir mit einem Text wie dem folgenden?

„Habt nicht die Welt lieb noch was in der Welt ist! Wenn jemand die Welt lieb hat, ist die Liebe zum Vater nicht in ihm ... Die Welt vergeht und ihre Lust; wer aber den Willen Gottes tut, bleibt in Ewigkeit" (1 Joh 2, 15.17).

Die ersten Christen sprachen von sich als „Pilgern" und „Fremdlingen" (1 Petr 2, 11), sie sind „nicht von der Welt" (Joh 17, 16), sie empfinden sich hier als „im Exil, fern vom Herrn" (2 Kor 5, 6), bei ihm ist ihre eigentliche Heimat, dorthin zieht es sie; Jesus selber sagt, sie sollten sich dort, im Himmel einen Schatz sammeln und dort solle ihr Herz hängen (Mt 6, 20 f). Sie vergleichen ihre Situation mit den „Paröken", denen, die nur vorübergehend in einem Land leben, das nicht das ihrige ist: aus diesem Verständnis heraus wird sich der Name für ihre Gemeinschaft entwickeln: Paroikien, Parochien, woraus unser Wort „Pfarrei" wurde: Sie sind hier wie eine in einem fremden Land lebende Flüchtlingsgemeinde: wohin es sie zieht, ist die ewige Heimat: „denn wir haben hier keine bleibende Stadt, sondern wir suchen die Künftige" (Hebr 13, 14).

Man kann aus diesen Worten sehr viel über das Selbstverständnis der ersten Christen heraushören: Wir brauchen nur die Situation der Flüchtlinge in unserem Jahrhundert anzusehen, um dieses Selbstverständnis etwas deutlicher zu fassen: Was macht den Flüchtling und Fremdling aus? Zum Schmerz über die Heimatlosigkeit, über den Verlust der Heimat, des vertrauten Lebensraumes kommt die Fremdheit im Land des Exils. Die Fremdheit geht meist Hand in Hand mit der sozialen, rechtlichen, menschlichen Ungeschütztheit: der Fremde ist ausgeliefert, er wird, selbst im gastlichsten Land, immer spüren, daß er nicht hierher gehört, er bleibt ein Fremder.

Die ersten Christen sahen in Abraham ihr „Modell", der von sich sagte: „Fremdling und Pilger bin ich" (Gen 23, 4), und sie sahen dies nicht nur begründet in der Tatsache, daß Abraham aufgebrochen ist aus seiner Heimat, fortgezogen ist, einem Ruf zu folgen, der ihn zum Fremden gemacht hat, sondern auch darin, daß er die ungesicherte Existenz des Fremdlings führte, mit all der Verachtung, Mißachtung und Entrechtung, die damit verbunden ist[4].

Ist dieses Selbstverständnis noch das der heutigen Christen? Sind unsere Pfarreien Parökien, Exils- und Fremdlingsgemeinden? Das sind keine akademischen Fragen! In vielen Teilen der Welt hat die aktive Mitgliedschaft in einer „christlichen Gemeinde" heute zur Folge, daß die Betreffenden gesellschaftlich zu Geächteten werden, ihrer zivilen Rechte beraubt werden. Wer sich als Christ bekennt, wird in seinem eigenen Land, oft im eigenen Ort, in der eigenen Familie zum Fremden – denken wir etwa an Franz Jägerstätter, der die Einsamkeit und Fremdheit in seinem Dorf (und auch in seiner Kirche!) erleben mußte, weil ihm, wie er sagte, das Bürgerrecht im Reich Gottes wichtiger war als das Bürgerrecht im Dritten Reich[5]. Die Erfahrung, die ein frühchristlicher Text so formuliert: „Jede Heimat ist ihnen (den Christen) Fremde, und jede Fremde Heimat"[6], kann, ja in gewissem Sinne muß sich in jeder Generation auf zweifache Weise wiederholen: wenn sie sich nicht auf gewaltsame Weise *von außen* durch Verfolgungen aufdrängt, so bricht sie *von innen* her auf, wie eine innere Notwendigkeit, die sich aus der christlichen Erfahrung selbst ergibt: Wir sehen dann, wie Menschen „alles verlassen", um ein Leben der Armut und der radikalen Nachfolge zu führen; wir sehen zum Beispiel die große Bewegung des alten Mönchtums (die Sehnsucht nach der Wüste) oder des irischen Mönchtums, wo Menschen wie von einer Sehnsucht erfaßt werden, ihre

---

[4] Vgl. *C. Spicq,* Vie chrétienne et pérégrination selon le Nouveau Testament (Paris 1972) S. 59–71.

[5] Vgl. *G. C. Zahn,* Er folgte seinem Gewissen. Das einsame Zeugnis des Franz Jägerstätter (Graz – Wien – Köln, 1979²); ferner meinen Artikel: Franz Jägerstätter. Ein Zeugnis, in: Intern. Kath. Zeitschr. 9 (1980) S. 271–278.

[6] Im sog. „Brief an Diognet", Kap. 6, dt. Übers. in der Bibliothek der Kirchenväter, „Frühchristliche Apologeten" (Kempten 1917).

Heimat zu verlassen, um Christus als Fremde in fremden Ländern zu suchen[7]. Die Pilgerfahrten sind noch ein Echo dieser urchristlichen Haltung: sie sind Symbol für ein Lebensverständnis des Auf-dem-Weg-Seins. Die Wiederentdeckung der Fußwallfahrt mit ihren Mühen, aber auch mit ihren befreienden Erfahrungen der Loslösung, des Aufbruchs auf das heilige Ziel hin, scheint mir darauf hinzudeuten, daß diese christliche Grunderfahrung auch heute neu lebendig wird[8].

Fremd werden, um in der Loslösung von Heimat, Sicherheit, Anerkennung und Geborgenheit die Loslösung einzuüben, die den Christen in seinem Verhältnis zur Welt bestimmen soll; Fremdling werden, weil er Fremdling ist, um zeichenhaft deutlich zu machen, daß er hier keine bleibende Stätte hat, wie Christus, der „in sein Eigentum kam, aber die Seinen nahmen ihn nicht auf" (Joh 1,11); der in dieser Welt, die doch sein Werk ist, als einer gelebt hat, der von sich sagen konnte: „Die Füchse haben Gruben und die Vögel des Himmels Nester; der Menschensohn dagegen hat nicht, wo er sein Haupt hinlegen kann" (Mt 8,20).

In seiner Nachfolge verstanden sich also die ersten Christen als „die, die ihre Zelte im Himmel aufgeschlagen haben" (vgl. Offb 12,12 und 13,6), als solche, die das Himmlische Jerusalem zur Mutter haben (Gal 4,25).

Und nun das Erstaunliche: diese Menschen, die sich nach der ewigen Heimat sehnen, werden zu Zivilisatoren, Kultivatoren; zu liebevollen Sammlern und Pflegern alles Schönen und Wahren. Ich möchte einen Vergleich wagen: Mao-Tse-Tung hat den neuen Menschen utopisch erträumt und geplant und sein gelehriger Schüler Pol-Pot hat, um die-

---

[7] Eine recht anschauliche Darstellung gibt das Buch von *J. Lacarrière*, Die Gott-Trunkenen (1967).
[8] Vgl. die sehr anregende Studie von *I. Baumer*, Wallfahrt als Handlungsspiel. Ein Beitrag zum Verständnis religiösen Handelns (Bern – Frankfurt a. M. 1977).

sen neuen Menschen zu formen, die Hälfte seines Kambodschanischen Volkes vernichtet, die gesamte geistige Elite liquidiert, alles überlieferte Wissen, alles kulturelle Erbe radikal zerstört, damit aus der Asche des Alten ein neuer Mensch sich erheben kann. Die irischen Mönche, die auch von einem neuen Menschen träumten, die das Kommen dieser neuen Menschheit, des neuen Himmels und der Neuen Erde ersehnten – hier bereits, freilich endgültig erst im Jenseits – haben nichts von der alten Kultur zerstört, sie haben sorgfältig die Klassiker der Römer abgeschrieben, selbst die frivolsten Komödien eines Plautus. Ihre Sehnsucht nach dem ganz Neuen, nach der radikalen Umwandlung von Mensch und Kosmos, hat sie nicht zu einem rasenden Zerstören getrieben, sondern zum liebevollen Aufbauen; ihre Sehnsucht nach dem Jenseits hat sie zu Menschen gemacht, die die Erde lieben, zu Künstlern, Dichtern, zu Baumeistern von Domen.

Es berührt eigenartig, daß gerade die Zeiten intensiver Jenseitshoffnung Zeiten großer künstlerischer Kraft sind. Warum haben die Menschen der Gotik oder des Barock, die so stark aufs Jenseits bezogen waren, Zeit und Geduld gehabt, ihrer Hoffnung in Stein Gestalt zu geben? Diese Menschen, die in ihren Liedern sangen: „Mitten in dem Leben sind wir vom Tod umfangen", die die Hinfälligkeit des Lebens so intensiv erfuhren, ließen nicht einfach alles liegen und stehen, sie ließen die Welt nicht „fahren". Warum haben sie sich Zeit genommen, Dome und Kathedralen zu bauen? Es gehört viel Glauben dazu, eine Kathedrale zu beginnen im Wissen, daß mehrere Generationen daran bauen werden, ehe sie fertig sein wird, daß man selber die Vollendung nicht sehen wird. Zur Illustration dieser These sehe man sich nur an, wie platt und schwunglos die Kunst der Aufklärungszeit im Vergleich zur Hochblüte des Barock ist, dessen beschwingende Jenseitshoffnung im Klassizismus auf die Maße gutbürgerlicher, aufgeklärter Vernunft zusammengestutzt wurde: die Aufklärung macht den offenen barocken Himmel zur kahlen Decke und nimmt damit dem Leben auf der Erde Farbe und Freude.

Dies also ist meine These: Je intensiver die Jenseitshoffnung des Einzelnen und der Gesellschaft, desto weniger besteht die Gefahr, daß ihr Verhalten in diesem Leben unmenschlich und ihr Sterben verdrängt wird. Zwischen Jenseitshoffnung und „Zustimmung zur Welt"[9] besteht eine „signifikante Korrelation". Diese These ist nicht „beweisbar". Mir scheinen aber so viele Erfahrungen dafür zu sprechen, daß sie nicht als bloße Behauptung zu gelten braucht. Ich möchte anhand von drei Beispielen diese These verdeutlichen. Die Beispiele entstammen dem sozialen, dem politischen und dem familiären Bereich.

Wo die Verheißung ewigen Lebens verschwindet, muß das Paradies hier gefunden werden

Man hat viel von der Leid- und Todverdrängung in der „säkularisierten" Gesellschaft gesprochen. Die Frage ist, ob diese Verdrängung nicht eins die des Todes und des ewigen Lebens ist.

Ein Züricher Psychiater, Dr. Florian Langegger, hat seit Jahren die Bildwelt der chronisch psychisch Kranken untersucht. Dabei hat er festgestellt, daß die Kranken ihren Zustand oft beschreiben als ein „wie tot sein", ein „lebendig Begraben sein", ein „Schattendasein". Er konnte feststellen, daß frappierende Parallelen zwischen den Unterweltsmythen verschiedener Kulturen und der Bildwelt dieser Kranken bestehen. Auch die Beschreibungen in Dantes Inferno (z. B. die im Eis eingefrorenen Lebendig-Toten) treffen zu[10].

---

[9] So der Titel des schönen Buches von *J. Pieper,* Zustimmung zur Welt. Eine Theorie des Festes (München 1963).
[10] *Fl. Langegger,* Psychiatrie und Unterwelt, in: *W. Pöldinger & G. Graf Wittgenstein* (Hrsg.), Psychologie und Psychopathologie der Hoffnung und des Glaubens (Bern 1981) und *ders.,* Doktor, Tod und Teufel (Frankfurt 1982).

Hoffnung über den Tod hinaus – Einübung des Lebens

Im Gespräch mit ihm kam mir die Frage, ob dieses erschütternde Phänomen der Lebend-Toten unserer psychiatrischen Anstalten nicht etwas mit der Jenseitsverdrängung zu tun hat. Ich liefere meine Überlegungen mit gebotener Vorsicht: Wo der Ausblick auf Jenseits ausfällt (50% der Bundesbürger glauben, es sei mit dem Tode alles aus!), wo die Verheißung ewigen Glücks als Hoffnungsbild verblaßt, muß die Glückserwartung sich auf dieses Leben konzentrieren. „Paradise now", hier muß das Paradies gefunden werden. Dieses Leben wird mit einer Glückserwartung befrachtet, die es nicht tragen kann, weil es in diesem Leben kein bleibendes Glück geben kann. Leid und Tod, Krankheit, alles, was das sofortige Glück bedroht, muß verdrängt werden; sehr oft werden sie delegiert an solche, die „keinen Platz an der Sonne haben": der Preis dafür ist hoch[11]. Könnten die genannten Phänomene bei den psychisch Kranken nicht auch damit zusammen hängen? Damit die gesunden jetzt und hier ihr Paradies haben können, müssen die gespensterartigen Klinikbewohner jetzt und hier ein Unterweltsdasein führen.

Positiv gewendet: Die Solidarität der Gesunden, Glücklichen mit den Leidenden und Sterbenden ist nur möglich, wenn beide sich zur selben Welt gehörig wissen, wenn dieses Leben nicht für die einen das Paradies, die anderen die Hölle, sondern für beide ein Unterwegs ist, durchaus jenes „Tal der Tränen", von dem das Kirchenlied singt. Übrigens ist das Bild vom Tränental, dessen sich eine eilfertige Liturgiemodernisierung schämt, ein zweiseitiges Bild. Es hat eine Trauer- und eine Hoffnungsseite: Trauer, weil es von den Tränen weiß, die in diesem „finsteren Tal" (Ps 23,4) vergossen werden; Hoffnung, weil ein Tal eine Richtung hat, offen ist, und weil der Wanderer im finsteren Tal unterwegs ist zur lichten Weite: Solidarität aus dem Wissen, daß diese

---

[11] Zum Phänomen der „Leiddelegation" vgl. *H. E. Richter*, Der Gotteskomplex (Hamburg 1978).

Erde und dieses Leben ein Ort des Leidens und der Tränen ist, aber ein offener Ort, in dem Hoffnung lebt, weil wir alle hier durchwandern.

Relativierung des politischen Bereichs ist keine Resignation

Daß die modernen politischen Utopien ihr Pathos weitgehend daraus beziehen, daß sie die jüdisch-christliche Jenseitshoffnung „umgekippt" haben in politische Diesseitserwartung, wurde immer wieder von Politologen gezeigt[12]. Es ist nur konsequent, daß die marx'sche Utopie der klassenlosen Gesellschaft dazu geführt hat, daß all diejenigen Menschen, die das Heraufkommen des verheißenen Glückszustandes verhindern, die sich ihm durch ihr „falsches Bewußtsein" entgegenstellen, einfach vernichtet werden. Aber auch die Glücks- und Wohlstandsforderung unserer Konsumgesellschaften kann nur aufrechterhalten werden, indem wir kollektiv die Augen verschließen vor dem Preis an Hunger und Armut, den die unterentwickelten Völker dafür bezahlen. Und betrachten wir die globalen Auswirkungen der hemmungslosen Rohstoffvergeudung, so müssen wir eingestehen, daß wir unser gegenwärtiges Wohl auf Kosten der künftigen Generationen erhalten.

Wann werden politische Parteien, die sich christlich nennen, den Mut haben, zu sagen, daß wir um unserer moralischen Integrität willen nicht weiter nur von Glücks- und Wohlstandsforderungen sprechen dürfen? Damit Politik menschengerecht ist, damit sie nicht zur hemmungslosen Macht- und Glückssicherung der einen auf Kosten der anderen wird, müßte sie sich der Verlogenheit und Gefährlichkeit unserer gängigen Glücks- und Wohlstandsforde-

---

[12] Vgl. etwa *H. Schneider*, Eschatologie und Politik, in: Religion, Wissenschaft, Kultur 23 (1972/73), S. 55–82 (mit reichlichen Literaturhinweisen).

rungen bewußt sein. Das zuvor über Solidarität gesagte gilt auch hier: Damit eine solidarische Politik möglich ist, eine Politik, die auch Selbstbeschränkung zum Wohle anderer kennt, darf eigentlich die Glückssicherung nicht das oberste Motiv der Politik sein, weder die Glückssicherung des eigenen Staatswesens (die dann auf Kosten anderer Länder ginge), noch die Glückssicherung für eine bestimmte Gruppe, Klasse oder Rasse im Staatswesen. Gewiß kann solidarische Politik auch ohne ausdrücklichen Bezug aufs „Jenseits" motiviert werden, etwa durch die „goldene Regel": so zu handeln, wie man selber behandelt zu werden wünscht. Und doch meine ich, daß die Menschlichkeit der Politik dort am ehesten gewährleistet ist, wo die Menschen wissen, daß sie in diesem Leben Pilger sind, wo sie sich ausdrücklich unterwegs auf ein ewiges Ziel wissen, wo damit dem Bereich der (eigenen) irdischen Glückssicherung nie letzte Bedeutung zukommen kann. Eine solche Relativierung des politischen Bereichs und seiner Möglichkeiten bedeutet gerade nicht eine Einladung zur Resignation. Im Gegenteil, sie schafft erst die Voraussetzung für echte Freiheit. Denn wenn die Politik anerkennt, daß der Mensch eine ewige Bestimmung hat, dann kann sie, als zeitliche Wirklichkeit, keinen absoluten Anspruch auf den Menschen erheben: der Mensch gehört nicht alleine dem Staat, der Partei, dem Kollektiv, der Rasse, der Nation. Er geht wegen seiner ewigen Bestimmung nie ganz in seinen zeitlichen Bindungen auf. Er ist frei, weil seine Seele nicht dem Staat gehört, sondern Gott. Deshalb erachten alle totalitären Regime die Religion als den Hauptfeind, da jeder religiöse Akt die innere Freiheit gegenüber allen relativen Bindungen deutlich macht; jede religiöse Betätigung ist ein sichtbarer Erweis, daß die politischen und gesellschaftlichen Autoritäten nur relativ sind[13]: „Gebt dem Kaiser, was des Kaisers ist,

---

[13] Vgl. *H. de Lubac*, Die Kirche. Eine Betrachtung (Einsiedeln 1968) S. 143–180.

und Gott, was Gottes ist" (Mt 22,17). Mit diesem Wort ist jede absolute politische Autorität aufgehoben, und zugleich ihre relative Gültigkeit bestätigt.

Die ersten Christen waren sich wohl bewußt, was sie riskierten, indem sie dem Kaiser die göttlichen Ehren, die das Imperium forderte, verweigerten: für sie ist nur einer Kyrios, König und Herr: Christus. Und die Zugehörigkeit zu seinem Reich, das nicht von dieser Welt ist (Joh 18,36), macht sie frei gegenüber allen Herrschaften dieser Welt. Und doch lehrten die ersten Christen, für den Kaiser zu beten (1 Tim 2,7) und sich der Autorität des Kaisers zu unterwerfen (1 Petr 2,13). Gerade wenn der Kaiser, wenn die Macht und die ihr dienende Politik nicht vergöttlicht werden, weil die Menschen nicht nur Bürger dieser Welt sind, ist die Chance gegeben, daß diese relative Macht menschengerecht gebraucht wird[14].

Relativierung der elterlichen Autorität

Ein letztes Beispiel soll verdeutlichen, inwiefern die Jenseitsbezogenheit des Menschen Bedingung für einen menschengerechten Autoritätsgebrauch ist: das Problem der Vater-Sohn-, beziehungsweise der Eltern-Kinder-Beziehung. Daß Väter und Söhne im Konflikt leben, ist seit S. Freud fast zur Selbstverständlichkeit geworden, so daß Familien, in denen Vater und Sohn sich lieben und verstehen, beinahe der Krankhaftigkeit verdächtigt werden. Nun ist bekanntlich die Phase der ersten großen Autoritätskrise die Zeit, in der die Kinder feststellen, daß die Eltern nicht allwissend und allmächtig sind, daß der Vater nicht wie der „liebe Gott" ist. Die Enttäuschung wird umso größer sein, je

---

[14] *H. Rahner* hat diese frühchristliche Sicht des Verhältnisses von Kirche und Staat dokumentiert und ausgelegt: Kirche und Staat im frühen Christentum (München 1961²).

absoluter die Vaterautorität zuvor war. Nun ist meine These, daß in einer Familie, in der die Kinder von früh an die Eltern beten sehen, in der sie an den Gesten und am Selbstverständnis der Eltern erfahren, daß es über den Eltern noch Jemanden gibt, vor dem die Eltern sich selber hinknien, die Relativierung der elterlichen Autorität nicht so dramatisch verlaufen wird. Der Vater war nie der Herrgott, er hat seine Autorität immer als relative ausgeübt, als einer, der selber nicht letzte Instanz ist. Ich meine daher, daß der Vater-Sohn-Konflikt in der seit Sigmund Freud als typisch erachteten Form ganz und gar nicht typisch ist, sondern noch einmal auch das Ergebnis des „Jenseitsverlustes" ist. Dem Vater, der nicht mehr selber als Pilger gesehen wird, mit relativer Autorität, wird eine absolute Autorität aufgebürdet, die er nicht tragen kann und darf: Er muß zur grausamen Tyrannenfigur und dann, entlarvt und entmachtet, zur traurigen Witzfigur werden. Wo Kinder ihre Eltern als betende Menschen erleben, dort muß das Eltern-Kind-Verhältnis nicht die ödipale Zerrfigur annehmen, die Freud ihm angesehen hat.

Wie sieht ein Leben „sub specie aeternitatis" aus?

Am deutlichsten wird wohl, worum es geht, wenn wir unser Verhältnis zur Zeit unter diesem Gesichtspunkt betrachten. Meist leiden wir ja unter der doppelten Spannung: zu wenig Zeit zu haben und zu viel Zeit zu vergeuden. Dies ändert sich, wenn wir konsequent als solche leben, die zur Ewigkeit hin unterwegs sind.

Wenn ich weiß, daß dieses Leben nicht alles und das letzte ist, dann brauche ich nicht krampfhaft an meiner Zeit festzuhalten, um sie auszukosten, aus ihr alles herauszuholen, zu besitzen, zu genießen. Ich kann Leid annehmen, weil ich nicht ängstlich auf die Uhr schauen muß, wie mir die Minuten zerrinnen, die ich habe, um das Leben zu genießen. Paradoxerweise habe ich mehr Zeit, wenn ich auf das ewige Leben hin lebe. Die Gehetztheit des heutigen Lebens, die Tatsache, daß wir trotz aller gigantischen Zeitersparnis durch Maschinen und Computer immer weniger Zeit haben, kommt letztlich daher, daß wir zu wenig in der Ewigkeit leben[15].

Anderseits gewinnt die Zeit eine ganz andere Dichte und Intensität, wenn sie im Ausblick auf die Ewigkeit gelebt wird. Ich bin viel intensiver verantwortlich für das, was ich mit meiner Zeit mache, die mir für dieses Leben anvertraut ist. Paulus sagt, wir sollen „die Zeit auskaufen" (Eph 5, 16). Was bleibt von dem, was wir mit unserer Zeit gemacht haben? Der Ernst dieser Frage klingt oft in den Gleichnissen Jesu an. Ist meine Zeit erfüllt, oder zerrinnt sie leer? Wenn ich weiß, daß dieses Leben ein Weg ist, dessen Ziel das ewige Leben ist, dann bin ich für jeden Schritt verantwortlich, da ich vom Weg abkommen kann, das Ziel verfehlen kann, und damit mein eigenes (ewiges) Leben verspielen kann. Um diesen Ernst wissen die großen Epen, von der Odyssee angefangen: sie sind symbolische Schilderungen des menschlichen Lebensweges, seiner Zielgerichtetheit, der Irrfahrten, Gefahren, Kämpfe, aber auch der guten Götter, die den Herumirrenden beschützend begleiten und ihm schließlich die glückliche Heimkehr gönnen.

Andrei Sinjawski, der seine Zeit nicht vergeudet hat und der doch sieben Jahre in Sibirien Zeit haben mußte, schreibt: „Das Leben der Menschen ähnelt einer Dienstreise – es ist kurz und verantwortungsvoll. Man kann nicht darauf rechnen, wie auf einen ständigen Wohnsitz, und sich Möbel anschaffen. Aber es ist einem auch nicht gestattet, vor sich hinzuleben, die Zeit zu verbringen wie im Urlaub. Es sind einem Fristen gesetzt und Summen angewiesen. Und nicht nur einem allein. Wir alle auf der Erde sind we-

---

[15] Sehr ansprechend ist das Zeit-Haben in *Momo*, dem bekannten Kinderbuch von *Michael Ende* thematisiert.

der Gäste noch Gastgeber, weder Touristen noch Einheimische. Wir alle befinden uns auf einer Dienstreise"[16].

Vielleicht gelingt es uns, von dieser Sicht aus ein geheimnisvolles Wort der Urkirche besser zu verstehen, das im 1. Jahrhundert in der Liturgie gesungen wurde: „Möge Deine Gnade kommen und möge die Welt vergehen"[17]. Die Sehnsucht der frühen Christen richtet sich auf die Wiederkunft Christi, auf das Kommen des Reiches Gottes, um das wir in jedem Vater-Unser beten: Von dieser Wiederkunft erhoffen sie sich, daß alles neu wird, daß Tod und Leid besiegt werden, daß sie Gott schauen werden ... Aber dieses Kommen geht nicht ohne Leiden und Tod, die „Geburtswehen" der neuen Schöpfung (vgl. Röm 8,19). Weil die Christen darum wissen, erscheinen sie den einen als weltverachtende Pessimisten, den anderen als naive Optimisten. Sie sind keines von beiden: sie lieben die Erde, weil sie wissen, daß nichts, was Gott geschaffen hat, schlecht ist (vgl. 1 Tim 4,4), nichts verloren geht, kein Lächeln, keine Schönheit, kein Leben; aber sie wissen, daß die Gestalt dieser Welt vergeht, und daß ihr Herz schon dort ist, wo sie nicht mehr Fremde und Pilger, sondern zu Hause sind. Diese Haltung wieder zu erlernen scheint mir ein wesentlicher Anspruch des Glaubens heute zu sein.

---

[16] *Abram Terz (Sinjawski)*, Gedanken hinter Gittern (Wien – Hamburg 1968).
[17] Didache 10,6; dt. Übers. in der Bibliothek der Kirchenväter, „Die Apostolischen Väter" (Kempten 1918) S. 12.

Sterben als die letzte Chance des Lebens

Von Theodor Glaser

Vom Sterben sprechen

Über Sterben kann ich nicht in neutraler Distanziertheit und in wissenschaftlicher Objektivität sprechen, ich kann es nur als Betroffener. Betroffen bin ich persönlich davon, weil ich in meinem Dienst als Pfarrer immer wieder Sterbende als Seelsorger auf ihrem letzten Weg zu begleiten habe. Betroffen bin ich, weil ich erst vor kurzem meiner Mutter im Sterben beizustehen versuchte. Ich habe dabei erlebt, was es für eine Familie, auch für die nachwachsenden Enkel bedeuten kann, wenn man an einem Krankenbett offen miteinander sprechen kann, wenn man gemeinsam das Heilige Abendmahl zu feiern vermag und wenn man sich von dem Segen einer sterbenen Mutter getragen und begleitet wissen darf.

Betroffen bin ich schließlich vor allem deshalb, weil ich selbst einmal sterben muß. Nichts ist so sicher, so todsicher. Ich weiß nicht, wann das sein wird. Ich weiß nicht, unter welchen Umständen mir mein letztes Stündlein schlägt. Ich weiß nicht, ob mich ein plötzlicher Tod ereilt oder ob ich auf einer Intensivstation langsam gestorben werde. Ich weiß nicht, ob es mir gegeben ist, die letzte Schwelle einmal bewußt zu überschreiten. Ich weiß nicht, ob ich mich auflehnen werde gegen den Knochenmann oder ob ich, hoffentlich befriedet, einschlafen kann mit dem Sterbegebet Jesu: „Vater in deine Hände befehle ich meinen Geist!" Weil ich das alles nicht weiß, möchte ich mich rechtzeitig einüben, das Sterben als letzte Chance des

Lebens wahrzunehmen. Ich möchte mich einüben in die Kunst des Sterbens.

Gewiß ist die Tabuisierung von Sterben und die Verdrängung des Todes in unserer Gesellschaft nicht mehr so groß wie noch vor wenigen Jahren, gewiß haben auch die Medien zu einer positiveren Bewußtseinsbildung beigetragen. Trotzdem sind Sterben und Tod kein Thema, über das man in der Öffentlichkeit gerne spricht. Das Thema Leben allein ist interessant, und zwar – man kann das insbesondere in der Werbung studieren – das gesunde, aktive, leistungsfähige, vitale und vor allem möglichst junge Leben. Der Tod wird weithin totgeschwiegen. Er wird verdrängt in die Kliniken, in die Leichenhallen, auf die Friedhöfe. Wenn sich die Begegnung mit ihm nicht vermeiden läßt, wird sie verharmlost. Ich erschrecke immer wieder darüber, wie bei Beerdigungen die Trauergemeinde oder die Trauergesellschaft sich das Ganze möglichst weit vom Leibe halten möchte. Es fällt uns schwer, dem anderen, außer in konventioneller Weise, das Beileid auszudrücken. Muntere Gespräche, die auf dem Weg von der Leichenhalle zum Grab von den Trauergästen häufig geführt werden, ärgern mich. Aber auch darin zeigt sich ein Verdrängungsmechanismus. Es lohnt sich, die Todesanzeigen in den Zeitungen zu studieren, wo mit Worten tödliches Erschrecken verschleiert wird. Je mehr man den Tod jedoch bearbeitet, um so weniger wird er verarbeitet. Je mehr man den Tod wegschminkt, nicht nur beim „Tod in Hollywood", je mehr man den Tod dem Leben anpaßt, um so mehr wird er als Tod verpaßt. Man stellt sich nicht mehr auf den Tod ein, man stellt ihn einfach weg. Das Sterben wie auch das Geborenwerden, diese beiden wesentlichen Pole menschlichen Lebens, sind weithin aus der häuslichen Atmosphäre ausgewandert. Angehörige sind häufig nicht bereit, Sterbende auf ihrem letzten Weg zu begleiten. Sogar Menschen in Trauerkleidern oder auch nur mit einem Trauerflor sind selten geworden; das Bild unserer Straßen ist dadurch ärmer und paradoxerweise unlebendiger geworden. Ich meine, man müßte der Trauer, auch der öffentlichen Trauer wieder zu ihrem Recht verhelfen.

Andererseits läßt sich beobachten, daß gewisse Presseerzeugnisse mit dem Tod, mit Bildern des Grauens und Entsetzens blendende Geschäfte machen. Man hat mit Recht schon von einer Sterbepornographie gesprochen. Pornographie aber, das wissen wir auch aus dem Bereich der Sexualität, entsteht immer auf dem Hintergrund von Tabuisierung.

Unsere Vorfahren wußten besser als wir, daß das Sterben unlöslich zum Leben gehört. Die Totentanzbilder des Mittelalters sprechen eine beredte Sprache. In den frühen Darstellungen tritt da nicht ein fremder Knochenmann auf den Menschen jeden Alters und Standes zu. Vielmehr hat jeder seinen eigenen Tod, der als spiegelbildliches Skelett gemalt wird, und mit dem er im Reigen konfrontiert ist. Jedermann trägt seinen eigenen Tod in sich und tanzt sich mit ihm sozusagen durchs Leben. Erst in späteren Darstellungen, etwa bei Holbein, wird der Knochenmann ein fremdes, unpersönliches, ja feindliches Gegenüber.

1491 erschien zum ersten Mal ein Buch mit dem Titel „Ars moriendi, die Kunst des Sterbens", es wurde ein Bestseller. Manches Brauchtum in bäuerlichen Gegenden spricht noch heute von einem sehr natürlichen Verhältnis zum Tod. Totenhemd, Totenstrümpfe und sechs weiße Tücher für den Sarg gehörten zur selbstverständlichen Ausstattung einer Braut. Die Martersprüche in Bayern künden von einem sehr natürlichen Verhältnis zum Sterben, das freilich oft auch in einer sehr deftigen Sprache.

Ursachen für die Verdrängung der Todes

Fragen wir nach den Ursachen für die Verdrängung des Todes in unserer Gesellschaft, also danach, warum das Sterben als letzte Chance des Lebens so wenig wahrgenommen wird. Ich erinnere an das Buch von Horst Eberhard Richter „Der Gotteskomplex". Der Psychoanalytiker beschreibt darin die Machtergreifung des modernen Menschen, der den alten Traum des „Sicut eritis Deus – ihr werdet sein wie Gott" in die Wirklichkeit übersetzt hat. An die Stelle Gottes des Allmächtigen tritt der allmächtige Mensch. Er muß alles verdrängen, was seine Allmacht antastet und ihn seine Ohnmacht erleben läßt. Dieser Verdrängung fällt nicht nur der Tod zum Opfer. Auch Leiden und Krankheit werden heute nicht mehr in ihren positiven Möglichkeiten erlebt.

Hinzuweisen ist auch auf den zunehmenden Säkularisationsprozeß und den damit verbundenen Verlust des Auferstehungsglaubens und der Ewigkeitshoffnung. Es muß einem zu denken geben, daß nur mehr 33% unserer Zeitgenossen mit dem Glaubenssatz „Auferstanden am dritten Tage von den Toten" etwas anzufangen weiß. Für die anderen ist Christus nur noch Religionsstifter oder Vorbild der Mitmenschlichkeit. Ich weiß, was ich von Statistiken zu halten habe. Trotzdem muß es einem zu denken geben, daß 50% unserer Zeitgenossen glauben, daß mit dem Tode alles aus sei. Sie können dies so ja auch nur glauben. Wenn der Tod freilich die letzte und unausweichliche Station ist, muß er verdrängt werden. Das Motto ist: „Lasset uns essen und trinken, denn morgen sind wir tot". Dieser biblische Satz hat seine Aktualität nicht verloren. Dies führt zu einer rein immanenten Eschatologie, die auch auf dem politischen Gebiet ihre Auswirkungen hat, zum Beispiel in der gegenwärtigen Friedensdiskussion. Wir alle wissen, wie sehr der Friede bedroht ist. Wir alle sehnen uns nach dem Frieden und engagieren uns dafür, nicht zuletzt im Gebet. Der christliche Glaube weiß freilich, daß uns der Friede auf dieser Welt nie völlig beschieden ist. Er ist ein Zeichen der letzten Welt Gottes, die nach dem neutestamentlichen Zeugnis auch durch Krieg und Kriegsgeschrei anzubrechen vermag. Unsere Friedensbemühungen sind immer nur vorläufig. Erst Gottes Friede ist endgültig. Es ist der Friede, der in Christus schon unter uns ist, der sich aber erst vollendet eines jüngsten Tages. Wenn das vergessen wird, handelt man sehr leicht in Abwandlung des eben zitierten Bibelwortes „Lasset uns Frieden schaffen mit oder ohne Waffen, denn morgen sind und bleiben wir tot".

Der Verlust der Ewigkeitshoffnung und des Auferstehungsglaubens wie der allgemeine Schwund an Glaubenssubstanz haben auch zur Folge, daß Pfarrer und Priester seltener als früher zu Sterbenden gerufen werden. Auch der Wunsch nach dem Heiligen Abendmahl oder der Krankensalbung ist sehr viel seltener geworden. Das hängt auch damit zusammen, daß in der römisch-katholischen Kirche lange Zeit das Sakrament der letzten Ölung eben das Sterbesakrament gewesen ist. Wenn man heute von der Krankensalbung spricht, entsprechend einem Wort aus dem 5. Kapitel des Jakobusbriefes „Man rufe die Ältesten, daß sie einen salben mit dem heiligen Öl", eröffnet dies vielleicht ein neues Verständnis und damit eine neue Chance des Lebens im Sterben. Zu erwähnen ist auch, daß Angehörige, die selbst nicht mehr in der Welt der Bibel oder des Gesangbuches daheim sind, an Kranken- und Sterbebetten häufig sprachlos werden. Die Sprachlosigkeit unseres Glaubens und der Verlust von auswendig gelerntem und zu inwendigem Besitz gewordenen Gut aus Bibel und Gesangbuch mindert die Chancen, das Sterben als letzte Chance des Lebens anzunehmen. Im Blick auf unsere junge Generation und ihren Religions- und Konfirmandenunterricht liegt hier eine besondere Aufgabe. Die Erwachsenen von morgen sollten heute schon lernen, einmal Sterbende begleiten zu können und vielleicht auch selber sterben zu können, wenn nicht mit dem Vers von Paul Gerhardt „Wenn ich einmal soll scheiden, so scheide nicht von mir", dann doch wenigstens mit einem „Vater unser", das heute auch nicht mehr so selbstverständlicher Besitz getaufter Christen ist. Diakonissen und Ordensschwestern, die wie selbstverständlich Sterbende mit Liedern und Gebeten begleitet haben, sind in unseren Krankenhäusern seltener geworden.

Sterben bewußt ins Leben aufnehmen: Einübung in die letzte Chance des Lebens

Wenn die Frage nach dem Sterben als letzte Chance des Lebens eine halbwegs befriedigende Antwort finden soll, dann müßten wir zunächst alles dazu tun, die Verdrängung des Todes sozusagen wieder zu verdrängen. Was man im Leben verdrängt, kann man im Sterben nicht mehr bearbeiten und nachholen. Es gilt, das Wissen zurückzugewinnen, daß Leben und Sterben unauflöslich zusammengehören. „Auf jeden Menschen", sagt der Dichter Jean Paul, „wird im Augenblick seiner Geburt ein Pfeil abgeschossen. Er fliegt und fliegt und erreicht ihn in der Todesminute." Wer das Sterben verdrängt, verdrängt einen wesentlichen Teil des Lebens. Man kann uns das Leben nehmen, aber nicht den Tod. Darum sind die Kunst des Lebens und die Kunst des Sterbens ganz eng miteinander verschwistert. Eines erwächst aus dem anderen. Wer den Tod nicht ernst nimmt, nimmt das wirkliche Leben nicht ernst. Wer das Sterben nicht bewußt in sein Leben aufnimmt, der lebt nicht bewußt. Darum betet der Psalmist: „Herr, lehre uns bedenken, daß wir sterben müssen, auf daß wir klug werden". Hinter dem Wort „klug" verbirgt sich mehr als menschliche Rationalität und medizinisch-wissenschaftliches Können. Es meint die Weisheit vor Gott und von Gott. Sterben zu müssen und zu können gehört sogar zur Würde des Menschen. Ein Computer mag lernen, und eines Tages auch denken können, eines kann er nicht: er vermag nicht zu sterben. Deshalb gibt es auch keinen sittlichen Grund, ihn nicht zu demontieren, zu demolieren und zu verschrotten. Auch von einem Tier sagen wir selten, es sei gestorben. Ein Tier geht ein und verendet. Der Mensch aber stirbt. Ein altes Sprichwort sagt, „Wer nicht stirbt, ehe er stirbt, der verdirbt, wenn er stirbt". Das tägliche Gebet eines alten Pfarrers kann hilfreich sein: „Lieber Gott, bereit bin ich schon, aber pressieren tut es mir nicht". Nur in dem Maße, als es gelingt, Sterben und Tod bewußt in das Kalkül des Lebens aufzunehmen, wird es auch möglich werden, das Sterben als die letzte Chance des Lebens wahrzunehmen. „Mitten wir im Leben sind, mit dem Tod umfangen". An der Einsicht dieses mittelalterlichen Liedes hat sich trotz aller Technisierung und trotz aller medizinischen Fortschritte nichts geändert.

Wie könnte solche Einsicht nun in unserem Leben konkret werden? Dazu einige Hinweise.

Das persönlich praktizierte und mit den Kranken gesprochene Abendgebet ist etwa eine gute Gelegenheit, sich auf das Sterben einzustellen. Unsere Abendlieder im Gesangbuch singen fast alle davon, daß Einschlafen und Nacht zum Gleichnis des Sterbens und des Todes werden, wie das Aufwachen am Morgen zum Zeichen der Auferstehung. Der Abend, wo wir unseren Geist gleichsam zurückgeben in die Hände dessen, von dem wir ihn empfangen haben, der Abend wo wir uns gleichsam von einem Tag verabschieden müssen und damit unserem Ende um 24 Stunden näher gekommen sind – dieser Abend ist ein guter Augenblick, an den letzten Augenblick zu denken.

Die Einübung auf das Sterben als letzte Chance des Lebens geschieht auch da, wo wir uns in den zahlreichen Abschiedssituationen unseres Lebens zu bewähren haben. Denken wir daran: Täglich, ja stündlich werden tausende von Zellen in unserem Körper abgebaut. Erinnern wir uns: Wie oft müssen wir uns im Leben von liebgewordenen Dingen trennen, wie oft haben wir Abschied zu nehmen von Menschen, die wir liebhatten. Wenn ein Kind den Kinderschuhen entwachsen ist, wenn die Jugend eines jugendlichen Menschen zu Ende geht, wenn ein Berufstätiger seine Arbeit aus der Hand legt, wenn ein alternder Mensch auf vieles verzichten muß, ja sogar dann, wenn wir von einer Wohnung in die andere umziehen, von einer Stadt in eine andere Stadt – immer ist es ein Stücklein Sterben, ganz abgesehen davon, daß jede Krankheit eine Ratenzahlung auf den Tod ist. Solche und ähnliche Situationen leiten uns an, uns dem Trauern als einem Prozeß zu stellen, der verschiedene Stufen und Phasen hat. Es wird viel darauf ankommen, wie wir diese Abschiedssituationen während unseres Lebens meistern. Sie können uns aggressiv oder depressiv und verbittert machen. Wir können sie aber auch annehmen und bejahen, so daß wir an ihnen wachsen und reifen, um so auch den letzten Abschied anzunehmen und als die letzte Station des Lebens zu bejahen. Je mehr man sich bewußt macht, daß wir Menschen unterwegs sind von der Wiege bis zur Bahre, je fester man daran zu glauben versucht, daß das Leben ein Heimgehen und das Sterben ein Heimkommen ist, um so größer sind Chancen für diese letzten Stationen.

Die Sterbegeschichten der Bibel

In den Abschiedssituationen des täglichen Lebens können wir uns einüben, die fünf Stationen im Prozeß des Sterbens zu durchschreiten, die Elisabeth Kübler-Ross beschrieben hat. Für sie verläuft der Prozeß des Sterbens in fünf typischen Phasen. In der ersten Phase möchte der Patient seine Situation nicht wahrhaben. In der zweiten Phase fällt er in Zorn, Wut und Aggression. In der dritten Stufe möchte er sozusagen verhandeln. In der vierten Phase kann er in tiefe Depressionen verfallen. In der fünften Phase findet er, wenn es gut geht, zur Annahme, Bejahung und Einwilligung.

Diese Stufen finde ich wieder in den Sterbegeschichten der Bibel, etwa bei Abraham und Mose. Sie haben eine schier grenzenlose Lust zum Leben. Aber sie sind bereit, alt und lebenssatt, zu sterben und versammelt zu werden zu ihren Vätern. Ich denke an den greisen Simeon, der beten kann: „Herr, nun lässest du deinen Diener in Frieden fahren, denn meine Augen haben deinen Heiland gesehen". Oder an den Apostel Paulus, der schreibt: „Ich habe Lust abzuscheiden und bei Christus zu sein".

Ich denke vor allem an die Passionsgeschichte Jesu. Es gibt keine größere und tiefere Sterbegeschichte. Sein Sterben war aktiv, obwohl der Gekreuzigte, menschlich gesprochen, keinen Finger mehr zu rühren vermochte. Es war ein Sterben, in dem nicht nur die letzten Chancen des eigenen Lebens wahrgenommen wurden, sondern die Chancen für das Leben aller Menschen und der ganzen Welt. Gerade deshalb wird es mit den großen und nie auszuschöpfenden Worten von Erlösung, Versöhnung, Opfer und Rechtfertigung beschrieben.

Im Garten Gethsemane erleben wir Jesus in Angst und Depression, die in den stärksten Ausdrücken geschildert wird, deren die griechische Sprache habhaft ist. „Sein Schweiß fiel wie Blutstropfen zur Erde." Dort erleben wir diesen Jesus in betendem Verhandeln mit Gott. Wir sehen ihn in der Phase der Angst und Depression, wenn er schreit: „Mein Gott, mein Gott, warum hast du mich verlassen". Das ist nicht passive Ergebung, sondern ein Aufschrei leidenschaftlicher Opposition und Auflehnung gegen Gott. Das ist ein Schrei, der auch jedem Kranken die Opposition gegen Gott erlaubt. Vielleicht ist dies die letzte Möglichkeit, noch mit Gott in Verbindung zu bleiben, statt mit allem, was man sonst verliert, auch ihn noch zu verlieren. Und das wäre der größte Verlust. Der sterbende Jesus denkt an sich und an seine Bedürfnisse, wenn er ruft: „Mich dürstet!" Jesus kennt das: wenn die ganz einfachen Lebensäußerungen unseres Körpers elementar ihr Recht fordern, wenn man keiner sogenannten höheren geistigen Regung mehr fähig ist. Er denkt aber auch an andere. Er bringt die letzten Dinge in Ordnung – und nimmt auch so die letzten Chancen des Lebens wahr. Er bittet für seine Schergen um Vergebung. Wäre das nicht auch für uns eine letzte Chance des Lebens, im Sterben noch mit den Menschen in der Kraft der Vergebung wieder ins Reine zu kommen, mit denen man über Kreuz ist? Der sterbende Jesus weist seine Mutter und den Jünger Johannes aneinander, und er verhilft einem einsichtigen Schächer zum ewigen Leben, während der andere sich verhärtet und die Chance vergehen läßt. Bis zur letzten Minute kann es im Leben eines Menschen noch wirklich lebensumwälzende Dinge geben. Schließlich findet Jesus die vertrauensvolle Annahme seines Todes: „Vater, in deine Hände befehle ich meinen Geist!" Das letzte Wort „Es ist vollbracht!" ist ein paradoxes Wort. Denn es stirbt einer, wie wir sagen würden, frühvollendet. Dennoch stirbt er ein vollbrachtes Leben, weil es bis zum letzten Atemzug gelebt war für Gott und die Menschen.

Es muß für Jesus ein Trost gewesen sein, daß liebe Menschen ihn auf dem letzten Weg begleiteten. Ich kann nur hoffen, daß für die Sterbenden heute Menschen da sind, die bereit und fähig sind, die Zeit haben, sterbenden Mitmenschen Begleitung zu schenken und die sich dabei umgekehrt wieder auch selber einüben in die Realität ihres eigenen, ihnen noch bevorstehenden Todes. Es bedrückt mich, daß heute so viel allein, mutterseelenallein gestorben werden muß, aus Gründen, die in der Situation unserer Krankenhäuser ebenso zu suchen sind, wie in dem distanzierten Verhalten der Angehörigen.

Die Wahrheit am Krankenbett

Zu unserem Thema gehört auch die Frage nach der Wahrheit am Krankenbett. Ich würde mir wünschen, daß ich die Wahrheit einmal erfahre, auch wenn ich heute noch nicht weiß, ob ich sie werde ertragen können. Wünschenswert wäre es um der Wahrheit willen, die es immer mit Gott zu tun hat, wünschenswert wäre es um eines bewußten Sterbens willen, das auch zur *Eu*thanasie, zu einem guten Tod, gehört. Rainer Maria Rilke hat einmal gebetet: „Herr, gib jedem seinen eigenen Tod".

Wer um die Wahrheit Bescheid weiß, hat Gelegenheit, noch zu ordnen, was in Ordnung gebracht werden muß. Der kann auch die letzten Gelegenheiten der Liebe wahrnehmen. Im Angesicht des Todes ergeben sich Möglichkeiten besonders intensiven und verdichteten Lebens. So haben vom Tod gezeichnete Menschen oft die überraschendsten Einsichten, die eben erst an dieser Grenze sichtbar werden. Möglichkeiten können aufleuchten, die unsere irdische Existenz schon überschreiten und überleuchten. Daß so etwas möglich ist, habe ich an manchen Sterbebetten erlebt. Wenn die Kranken von ihrem Zustand nichts ahnten und ich selbst das Wort der Wahrheit nicht über meine Lippen brachte, war es häufig deprimierend: freundlich beschwichtigendes Geplänkel. An anderen Sterbebetten, wo ich offen reden konnte, wurden tiefe und letzte Gespräche geführt. Es kann bisweilen erschütternd sein zu erleben, wie das letzte, was Todkranke bewußt oder unbewußt, erleben müssen, sicher gutgemeinte Lügen, aber eben Lügen sind.

Die Wahrheit am Krankenbett ist existenzielle Wahrheit, das heißt, sie kann nicht objektivierbar und isoliert gesehen werden. Sie hat Prozeßcharakter. In diesen Prozeß muß man sich dadurch einüben, daß man sich einübt in die Wahrheit des Sterbenmüssens mitten im täglichen Leben. Wenn ich weiß und damit rechne, daß ich sterben muß, dann würde mir bei der Wahrheit am Krankenbett eigentlich nichts Neues gesagt. Das Neue bestünde lediglich darin, daß es nach menschlichem Ermessen jetzt so weit ist. Der Prozeßcharakter wird in dem Wort Jesu deutlich „Ich bin der Weg, die Wahrheit und das Leben". Wahrheit, Leben und Sterben gewinnt man, wenn man auf dem Weg ist. Ich setze nach meinem Glauben hinzu: auf dem Weg mit

Jesus. Die Wahrheit ist weiter mit der Liebe verschwistert, nach einem Wort des Apostels Paulus aus seinem „Hohen Lied der Liebe" (1 Kor 13) „Die Liebe freuet sich der Wahrheit". Die Wahrheit muß schließlich situations- und personenbezogen sein. An einem Krankenbett besteht immer ein Geflecht von mehreren Personen. Von der Wahrheit am Krankenbett ist nie nur der Patient selbst betroffen, sondern auch die, die mit ihm umgehen. Sie müßten sich alle bereits mit ihrem Sterben und Tod auseinandergesetzt haben, um darin die Identität ihres Lebens gefunden zu haben und befähigt zu sein, Sterbende zu begleiten.

Im Blick auf den Patienten wird zu fragen sein, ob er die Wahrheit wirklich wissen will und ob er sie ertragen kann. Er mag ganz direkt fragen, ob er sterben muß. Es kann aber auch sein, daß diese Frage nur unhörbar in seinem Gesicht geschrieben steht. Es kann sein, daß er reinen Wein wünscht, aber ebenso kann er sich auch eine Beruhigungspille erwarten, daß alles nur halb so schlimm sei.

Dies gilt auch für die Ärzte, auch wenn ich verstehe, daß sie, deren Ethos der Dienst am Leben ist, jeden Tod als Niederlage erleiden. „Nach amerikanischen Untersuchungen sind in den USA nur 20–30 Prozent der Allgemeinärzte und mancherorts nur 10 Prozent der Klinikärzte dazu bereit, Krebskranke über ihren wahren Zustand aufzuklären, während die überwiegende Zahl der Ärzte ihn zu verschweigen pflegt. Sofern sich nun aber die Weigerung auf die Ansicht stützt, der Kranke ertrage ‚die Wahrheit' in der Regel nicht, ja er wolle sie nach einem Verschleierungsgesetz, das in der Natur der Krankheit liege, garnicht wissen, ... ist diese Ansicht durch Untersuchungen amerikanischer Ärzte widerlegt und das zumeist unausgesprochene Verlangen der meisten Krebspatienten, über ihren Zustand aufgeklärt zu werden, bewiesen worden. Die Tatsache, daß ihnen die Aufklärung oft verweigert wird, hängt sowohl mit der Problematik jeder Diagnose (und Prognose), als auch mit der psychologischen Problematik zusammen, in der sich die Person des Arztes befindet. Mit dem Kranken über seinen Zustand zu reden, bedeutet für den Arzt ein nicht geringes persönliches Risiko. Es ist denn nur natürlich, daß er, der sich täglich im Kampf gegen den Tod befindet, sich im Umgang mit Kranken ein habituelles Schutzverhalten angewöhnen muß. So hat sich in vielen Sprechzimmern und Kliniken ein fast ritueller Sprachgebrauch der ausweichenden Beschwichtigung eingebürgert ... Die Reaktion des Patienten auf die sehr wohl empfundene Abwehrhaltung des Arztes besteht jedoch darin, daß er verstummt und, indem er die ungelöste Angst in sich hineinnimmt, hilflos in sich verblutet" (R. Leuenberger, in: Handbuch der christlichen Ethik II, 110ff).

Schwestern, Pfleger und das gesamte Personal des Krankenhauses sind oft näher am Patienten, als der Arzt. Ist das Personal auch zeitlich in der Lage, die notwendige Begleitung zu geben? Ich erinnere daran, daß man in holländischen Kliniken den Beruf des Sterbebegleiters geschaffen hat.

Das Gesagte betrifft auch Angehörige, Freunde und Bekannte. Bisweilen sagen sie, sie wollten den Patienten schonen. Dahinter steht häufig der Wunsch, sich selbst zu schonen und die Abwehr des eigenen Todes. Es ist nicht leicht, mit einem Todgeweihten den Rest seines Lebens zu teilen. Es kann aber auch sehr bereichernd sein.

Die Wahrheit am Krankenbett kann als immer nur die personen- und situationsbezogene Wahrheit in Liebe sein. Sie setzt voraus, daß alle Betroffenen die Auseinandersetzung mit ihrem eigenen Sterben vollzogen und darin zur Identität ihres Lebens gefunden haben. Dazu aber gehört das Bewußtsein, sterben zu müssen. Wer in gesunden Tagen verdrängt, was ihm bevorsteht, wird in kranken Tagen weder Patienten Begleitung schenken, noch selbst als Patient die Wahrheit ertragen können. Ob die letzte Wahrheit am Krankenbett gesagt wird, hängt auch davon ab, ob sie in einen Raum des Vertrauens hineingesprochen wird.

Ich muß es mir hier versagen, das Problem von Lebensverlängerung und Lebensverkürzung zu diskutieren. Daß von einer aktiven Euthanasie, auch von einer Tötung auf Verlangen nicht die Rede sein kann, sollte uns Christen klar sein. Dies nicht nur, weil wir uns an das Dritte Reich erinnern, sondern weil wir wissen, daß das Leben, aus Gottes Hand stammt. Er schenkt das Leben, er allein verlangt es zurück, wenn er es für an der Zeit hält. Es ist Sache der Ärzte zu helfen, Schmerzen zu lindern und jede nur denkbare Erleichterung in schwerer Krankheit zu schaffen; aber unter dieser Voraussetzung wird von Fall zu Fall immer wieder ernsthaft und verantwortungsvoll zu prüfen sein, ob ein verlöschendes Leben um jeden Preis künstlich verlängert werden muß. Wir haben einerseits das Recht auf ein menschenwürdiges Sterben, wir haben aber andererseits auch die Pflicht zu sterben. Die Bibel sagt: „Von Erde bist du genommen, zu Erde *mußt* du wieder werden."

Nach meinem Glauben kann die letzte Chance des Lebens im Sterben am ehesten da wahrgenommen werden, wo man sich im Leben eingeübt hat in eine Existenz mit dem gekreuzigten und auferstandenen Christus. Von ihm her weiß ich, daß mein Tod kein Schlußpunkt ist, mit dem die Geschichte meines Lebens unwiderruflich zu Ende geht. Mein Tod ist vielmehr ein Doppelpunkt, hinter dem Gott mein und meiner Menschenbrüder Biographie mit der Handschrift Jesu Christi zu einem ewigen Ende schreibt. Von ihm her weiß ich, daß ich nicht auf ewig unter die Erde zu bringen bin. Von ihm her weiß ich, daß ich inmitten der Strategien des Todes in unserer Welt, wo der Tod tausendfach bei lebendigem Leib gestorben wird, Strategien des Lebens zu entfalten habe nach einem Wort eines unserer Kirchenväter, daß Christen Protestleute seien gegen den Tod. Aus diesem Glauben heraus haben unsere Väter verstanden, den Tod zu verspotten. In unseren Gesangbüchern stehen Triumphgesänge und Spottlieder gegen den Tod. Märtyrer sind in den singenden Tod gegangen. Deshalb kann ich am Ende nur auf den verweisen, der am Grab des Lazarus sagte: „Ich bin die Auferstehung und das Leben, wer an mich glaubt, der wird leben ob er gleich stürbe." Er ist es, mit dem wir unseren Tod überleben können. Dieser Glaube kann es leichter machen, die schwere, letzte Chance des Lebens im Sterben wahrzunehmen.

Der Tod als Grenzsituation in Existenzphilosophie und Existentialismus

Von Stefan Graf Bethlen

Existenzphilosophie

In den meisten philosophischen Richtungen vor dem Auftreten der Existenzphilosophie wurde dem Tod ein mehr oder weniger enger Raum zugewiesen. Die Behandlung dieses zentralen Faktums menschlichen Lebens erfolgte oft fast beiläufig; der Tod wurde als ein von außen in das Leben eindringender Endpunkt betrachtet, den man nicht erklären und auffassen konnte. Die Existenzphilosophen widmeten demgegenüber dem Tod besondere Aufmerksamkeit, sie begriffen ihn nicht als Endpunkt, sondern als ein Element, das im Leben zur Existenz führen kann. Diese Auffassung wird besonders deutlich in der Formulierung Jaspers: „... wäre nicht das Verschwinden, so wäre ich als Sein die endlose Dauer und existierte nicht."[1]

Diese Sicht des Todes als konstituierende Begebenheit der Existenz erfordert die Behandlung der Existenzphilosophie im Zusammenhang mit den diesem Band zugrunde liegenden Überlegungen.

Situation – Grenzsituation

Bei der Herausarbeitung des Begriffes Existenz diente die Welt, die den Menschen beengende unheimliche Umgebung als Hintergrund, von dem sich die Existenz abhebt.

---

[1] *K. Jaspers,* Philosophie Band II (Wien 1956) S. 220

Todesverständnis in Existenzphilosophie und Existentialismus

Der existierende Denker ist durch sein Dasein in eine ganz bestimmte Lage mit bestimmten Umständen gestellt. Die Konstellation dieser Umstände bezeichnet Jaspers als Situation. Seine Definition lautet: „Situation heißt eine nicht nur naturgesetzliche, vielmehr sinnbezogene Wirklichkeit, die weder psychisch noch physisch, sondern beides zugleich als die konkrete Wirklichkeit ist, die für mein Dasein Vorteil oder Schaden, Chance oder Schranke bedeutet."[2] Der Mensch ist seiner Situation nicht wehrlos ausgeliefert, er kann sie, falls er sie erkennt, ändern.

Es gibt aber solche Situationen, denen gegenüber der Mensch hilflos dasteht, die zu ändern er nicht imstande ist. Diese bezeichnet Jaspers als Grenzsituation: „Sie wandeln sich nicht, sondern nur in ihrer Erscheinung; sie sind, auf unser Dasein bezogen endgültig. Sie sind nicht überschaubar; in unserem Dasein sehen wir hinter ihnen nichts anderes mehr. Sie sind wie eine Wand, an die wir stoßen, an der wir scheitern. Sie sind durch uns nicht zu verändern, sondern nur zur Klarheit zu bringen, ohne sie aus einem anderen erklären und ableiten zu können. Sie sind mit dem Dasein selbst."[3]

Hier stoßen wir auf Tatsachen der Wirklichkeit, die mit dem Denken nicht zu erfassen sind, wohl aber in der Existenz erfahren werden können: „Grenzsituationen erfahren und existieren ist dasselbe. In der Hilflosigkeit des Daseins ist es der Aufschwung des Seins in mir."[4]

Die erste Grenzsituation, die der Mensch erfährt, ist die Tatsache, daß er in eine bestimmte Situation hineingestellt ist und dadurch beengt wird. In dieser Situation kann der Mensch frei entscheiden, ob er diese als Gegebenes übernimmt und sie als etwas selbst Gewolltes sich eigen macht. Aus dieser Grenzsituation erwachsen weitere spezifische,

---
[2] ebda., S. 202
[3] ebda., S. 203
[4] eba., S. 204

wie Tod, Leiden, Kampf und Schuld. Der Tod führt dem Menschen die Geschichtlichkeit des Daseins vor Augen und innerhalb dieser erfährt man die Grenzsituation spezifischer Geschichtlichkeit.

Der Tod als Möglichkeit der Existenz

Der Tod als Endpunkt, der unsere Handlungen und Gefühle erst mit den Begriffspaaren Glück und Unglück, Erfolg und Mißerfolg in Verbindung setzt, da angesichts der Endlichkeit des Lebens die Möglichkeit alles zu wieder- und nachzuholen nicht besteht, gibt dem Leben die Schärfe des Daseins. Die bewußte Konfrontation mit dem Tod ermöglicht erst die Existenz. In Heideggers epochalem Werk „Sein und Zeit" steht im Mittelpunkt die Auseinandersetzung mit dem Tod. Seine Bedeutung für den Menschen, für die Existenz erhellt der Satz: „Der Tod als Ende des Daseins ist die eigenste, die unbezügliche, die gewisse und als solche unbestimmte, aber unübersehbare Möglichkeit der Existenz."[5]

Der Tod an sich ist ein objektives Faktum, er wird nur für den Existierenden zur Grenzsituation. Der Tod tritt in das Leben des einzelnen durch den Verlust des Anderen hinein, freilich nur „wenn der Tod des Anderen existentielle Erschütterung und nicht bloß ein objektiver mit partikulären Gemütsbewegungen und Interessen begleiteter Vorgang ist."[6]

Das Erleiden des Todes des Anderen stellt so für den Existierenden eine Grenzsituation dar. Man kann aber nur den Tod des Anderen erfahren, den eigenen hingegen nur erleiden. Somit wird der eigene Tod nur dann zur Grenzsituation, wenn er zum Prüfstein der eigenen Existenz wird. Im

---
[5] *M. Heidegger*, Sein und Zeit (Halle a. d. Saale 1927) S. 258
[6] *K. Jaspers*, a. a. O., S. 220

Angesicht des Todes überprüft man sein Leben und versucht Sinnloses, Hinfälliges von Sinnvollem zu scheiden. Man hat selbstverständlich Angst vor dem Tode, diese Angst kann aber verschiedene Formen annehmen. Da der Existierende um den Tod weiß, der jeden Augenblick eintreten kann, muß er sein Leben ständig auf Verwirklichtsein, Ausgefülltsein untersuchen. Die Angst vor dem Tod zwingt ihn somit zu einem bewußten Leben, zum ununterbrochenen Kampf um das Erlebnis der Existenz. Je vollendeter ein Leben ist, desto mehr schwindet die Todesangst, der Mensch nähert sich seinem Tode ruhig: als der Vollendung seines Seins.

Tod und Todesangst erhalten in der Existenzphilosophie eine positive Bedeutung. Dies wird noch deutlicher, wenn man die Unterscheidung Jaspers' zwischen Daseinsangst und Existenzangst näher untersucht. Die Daseinsangst entspringt der Lebensgier und kann zur Vernichtung der Existenz führen, wenn sie die Existenzangst ablöst und an ihre Stelle ratlose Angst, Verzweiflung und der Wille um jeden Preis zu leben rücken. Die Daseinsangst vernichtet im Befürchten des Todes die Existenz und führt zur Uneigentlichkeit, die so betrachtet auch eine Art Tod ist. Die Existenzangst dient aber als Sprungfeder der Entfaltung aller vorhandenen Kräfte, um das Leben im Angesicht des Todes zur vollen Verwirklichung zu bringen.

Existenzangst – Bedingung der Freiheit

Die Stimmung der Angst nimmt in der Existenzphilosophie eine zentrale Rolle ein: die Auseinandersetzung mit ihr ist allen existentialistischen Richtungen gemein. Während die gehobenen Stimmungen, wie z. B. das Glücksgefühl dem Menschen Heimat, Geborgenheit vermitteln, entfremdet ihn die Angst von seiner gewohnten Welt: Die Gefühle der Unheimlichkeit, Verlassenheit, des Bedrohtseins füllen die Angst. Heidegger faßt dies so zusammen: „Wovor die Angst sich ängstigt, ist das In-der-Welt-sein selbst."[7]

Nach Jaspers entsteht die Daseinsangst, indem man sich vor dem Eintreten von etwas Üblem fürchtet. Sie kann daher zwar durch Vorsorge teilweise abgeschwächt werden, sie kann aber erst durch das Empfinden der existentiellen Angst voll relativiert werden, erst in diesem Zustand erscheint die Daseinsangst als nichtig und überwunden. Die existentielle Angst entsteht in der Konfrontation mit der Endlichkeit des Daseins. So gibt es für die existentielle Angst keine Möglichkeit, sie durch Vorsorge abzuschwächen oder sie durch irgendwelche Gefühle oder Überlegungen zu relativieren – sie kann nicht aufgehoben werden.

Bei der Erreichung dieses Punktes im Philosophieren tritt bei den Existenzphilosophen die gleiche, an sich unerwartete, Wendung ein wie bei der Auseinandersetzung mit dem Tod: Anstatt über der Unabwendbarkeit der existentiellen Angst zu verzweifeln, erzeugt diese einen Mut, sich mit ihr auseinanderzusetzen und dadurch aus dem Massendasein herausgehoben zu werden und in die Existenz zu gelangen. Welche Bedeutung die existentielle Angst besitzt, erklärt Heideggers Satz: „Ohne ursprüngliche Offenbarkeit des Nichts kein Selbstsein und keine Freiheit."[8]

Der Mut, die Angst zu ertragen, offenbart für den Existenzphilosophen die Größe des Menschen. Die Existenzangst erzeugt keine Verzweiflung, sondern wie es Heidegger formuliert, eher eine „eigentümliche Ruhe", und dient zugleich angesichts des Todes doch zugleich als Bedingung der Freiheit. Alle Existenzphilosophen sind sich darin einig, daß durch die Möglichkeit des „Hineingehaltenseins in das Nichts" (Heidegger) das Existieren zum heroisch-tragischen wird. Es wurde der Existenzphilosophie oft vorgeworfen, sie würde nur die Schattenseite des Lebens betrachten und sei

---

[7] *M. Heidegger*, a.a.O., S. 187
[8] *M. Heidegger*, Was ist Metaphysik? (Bonn 1931) S. 19

pessimistisch; aber gerade das Einbeziehen des Todes in die Existenz ist eine überaus positive Leistung dieser Philosophie.

Existentialismus

Am Anfang des Zweiten Weltkrieges begann im besetzten Frankreich, sozusagen in und aus der Résistance, die zweite Entwicklungsphase der Existenzphilosophie, die aber nicht ohne weiteres als eine wirkliche Fortsetzung aufgefaßt werden kann. Die vor allem mit den Namen Sartre und Camus verbundene und von ihnen entwickelte philosophische Richtung weist neben parallelen Merkmalen auch entscheidende Unterschiede zur deutschen Existenzphilosophie auf. Es ist daher konsequent, daß eine neue Bezeichnung – Existentialismus – gewählt wurde. Nach dem Zweiten Weltkrieg erlangte der Existentialismus eine weltweite Anerkennung, ja er ist sogar zeitweilig zu Mode geworden und wirkte auch auf das Ursprungsland Deutschland zurück. In dieser Rückwirkung wurden dann die großen Unterschiede zwischen den beiden Auffassungen ersichtlich.

Zur Klärung der Standpunkte trug nicht unwesentlich die willkürliche Einteilung Sartres bei, der den Existentialismus, ohne ihn von der Existenzphilosophie zu unterscheiden, einfach in eine atheistische und eine christliche Richtung einteilte, und der ersteren Heidegger, der letzteren Jaspers zuordnete. Der Protest Heideggers, ihn als atheistischen Existentialisten zu bezeichnen, bewirkte die endgültige Zweiteilung in Existenzphilosophen einerseits und Existentialisten andererseits. Wir wollen uns im folgenden dem Existentialismus und den zwei wichtigsten Vertretern dieser Richtung, Albert Camus und Jean-Paul Sartre zuwenden.

Albert Camus: Das Absurde und der Selbstmord

Albert Camus hat sich in seinen Werken immer wieder eingehend mit Tod und Sterben, mit dem Töten, Selbstmord und Mord beschäftigt. Es war auch kein Zufall, daß er mit seinem im Jahr 1942 erschienenen Buch „Der Mythos von Sisyphos" berühmt wurde, das die Auseinandersetzung mit dem Selbstmord angesichts der Absurdität des Lebens in den Mittelpunkt stellt. Camus kommt nicht entlang einer Kette von Fragen und Zweifeln über den Sinn des Lebens zu der Schlußfolgerung, daß dieses absurd sei. Vielmehr ist für ihn die Absurdität eine feststehende Tatsache, sie bildet seinen Ausgangspunkt. Das menschliche Leben ist seiner Meinung nach in die Sinnlosigkeit hineingestellt, da es weder einen Gott, noch einen übermenschlichen Sinn gibt: Der Mensch ist einzig und allein mit dem Tod konfrontiert. Die Lage ist hoffnungslos, der Mensch wurde ohne Verlangen danach geboren und er kann dem Tod nicht entgehen; die logische Schlußfolgerung wäre daher der Selbstmord.

In dieser Situation interessiert Camus das Problem der Freiheit nicht, da dieses nach seinem Verständnis nur dann entsteht, wenn man der Frage nachgeht, ob es einen Gott gibt. Ohne die Frage nach der Existenz Gottes zu stellen ist es sinnlos, die Frage nach der Freiheit aufzuwerfen. Wenn man aber die Entscheidung trifft, keinen Selbstmord zu begehen – und dies nicht aus einer Haltung der Schwäche – und das Leben auf sich nimmt, um seine Sinnlosigkeit wohl wissend, dann entsteht der absurde Held, dem Sisyphos gleich. Die Haltung dieses Helden wird nicht durch Passivität, sondern durch Auflehnung gekennzeichnet: „Diese Auflehnung gibt dem Leben seinen Wert. Erstreckt sie sich über die ganze Dauer einer Existenz, so verleiht sie ihr ihre Größe".[9]

Der absurde Held macht aus seinem Leben eine „mensch-

---

[9] *A. Camus,* Der Mythos von Sisyphos (Hamburg 1959) S. 50

liche Angelegenheit", in der es keinen Platz für einen Gott gibt. Es gibt nur ein persönliches Geschick und kein übergeordnetes Schicksal. Der Mensch ist auch „Herr seiner Zeit", keinesfalls ist er ihr durch einen fremden Willen ausgeliefert. Der absurde Held lehnt trotz der Absurdität des Lebens den Freitod ab: „Es geht darum, unversöhnt und nicht aus freiem Willen zu sterben. Der Selbstmord ist ein Verkennen. Der absurde Mensch kann nur alles ausschöpfen und sich selber erschöpfen. Das Absurde ist seine äußerste Anspannung, an der er beständig mit einer unerhörten Anstrengung festhält, denn er weiß: in diesem Bewußtsein und in dieser Auflehnung bezeugt er Tag für Tag seine einzige Wahrheit, die Herausforderung".[10]

Sisyphos verrichtet eine sinnlose Arbeit, der Mensch bejaht ein sinnloses Leben; der Tod sollte demnach den Schlußstrich unter ein düsteres, hoffnungsloses Dasein ziehen, das allein von einer verzweifelten Auflehnung erfüllt war. Dem ist aber nach Camus nicht so: „Dieses Universum, das nun keinen Herrn mehr kennt, kommt ihm weder unfruchtbar, noch wertlos vor ... Der Kampf gegen Gipfel vermag ein Menschenherz auszufüllen. Wir müssen uns Sisyphos als einen glücklichen Menschen vorstellen".[11]

Es ist charakteristisch für die Lebensauffassung von Camus, daß er die Welt einerseits ungerecht, grausam, brutal findet, aber auf der anderen Seite auch die Schönheit und das Glück entdeckt. In diesem Buch ficht der absurde Held einen heroischen, hoffnungslosen Kampf aus, der Mensch Camus' ist, darin dem Jaspers' gleich, ein tragischer Held; er kann aber trotzdem glücklich sein, ja er muß versuchen das Glück in dem absurden Leben zu finden. In diesem Werk Camus werden die Grundpfeiler seiner Philosophie deutlich: sein Atheismus, sein Humanismus und der Glaube an die positive Rolle der Revolte als Mittel zur Erreichung des menschlichen Glücks.

---

[10] ebda.   [11] *A. Camus*, ebda., S. 101

Camus' Atheismus

Camus ist von einem tiefen Humanismus erfüllt, er liebt die Menschen, nicht nur mit, sondern gerade wegen ihrer Grenzen und Schwächen. Er möchte, daß die Menschen sich solidarisieren und gegenseitig helfen, das ungerechte Schicksal zu bewältigen, um in dieser Welt doch zum Glück zu gelangen.

Camus wurde nicht aus Haß Gott gegenüber zum Atheisten, er muß Gott nicht wie Sartre totschlagen – seine Gottlosigkeit beruht auf seinem Humanismus. „Wenn ich eigensinnig nichts von irgendeiner Hinterwelt hören will, so vor allem, weil ich eben nicht auf meinen gegenwärtigen Reichtum verzichten will ... Ich mag als junger Mensch nicht glauben, daß der Tod der Beginn eines neuen Lebens ist, für mich ist er eine zugeschlagene Tür. Ich sage nicht: er ist eine Schwelle, die es zu überschreiten gilt, er ist ein furchtbares schmutziges Abenteuer."[12]

Für Camus gibt es nur einen Tod ohne Hoffnung. Aus dieser Auffassung resultiert seine Einstellung zu dem religiösen Glauben. Dieser ist seiner Meinung nach eine Sünde, die darin besteht, daß in dem irdischen Leben auf ein anderes gehofft und damit gegenüber seiner möglichen Herrlichkeit Verachtung erzeugt wird. Sein Atheismus ist der Ausdruck seiner Solidarität mit den – in diese Welt hineingeworfenen – Menschen, die einem Tod ohne Hoffnung entgegengehen müssen. Camus' Atheismus kann sehr wohl verstanden werden, wenn man nicht seiner rationalen Argumentation, die die allen Atheisten gemeinsamen Fehler aufweist, sondern seiner emotionalen Offenbarung folgt. Das Bekenntnis seines Helden angesichts des qualvollen Todes der an der Pest erkrankten Kinder: „ich werde mich bis in den Tod hinein weigern, eine Schöpfung zu lieben, in

---

[12] Aus *Camus'* Noces, zitiert nach *A. Espiau de La Maestre,* Der Sinn und das Absurde (Salzburg 1961) S. 260 f

der Kinder gemartert werden."[13], gibt Aufschluß über die Motivation von Camus' Atheismus. Der Humanismus ist für Camus in einer grausamen Welt, in der die Menschen so viel leiden müssen, mit dem Glauben an Gott unvereinbar.

Camus' Humanismus

Die Grundlagen der humanistischen Denkweise Camus werden am klarsten in dem Roman „Die Pest" erkennbar. Hier wird, um die Verhaltensweisen der Menschen in einer Lage des ständigen Bedrohtseins aufzeigen zu können, eine Grenzsituation geschildert. Camus' Lehre lautet: So wie die Pest, geht auch das Leiden alle Menschen an. Sie sollten miteinander solidarisch sein und wirkliche Nächstenliebe üben. Diese Grundhaltung läßt sich ganz einfach, ohne Pathos, ausdrücken: Jeder soll seine Aufgaben anständig erfüllen. Camus fordert kein Heldentum, keinen Heroismus. Eine seiner Figuren faßt diesen Gedankengang zusammen: „Ich glaube nicht an das Heldentum. Ich weiß, daß es leicht ist und ich habe erfahren, daß es mörderisch ist".[14] Auch der Held des Romans stellt fest, daß wenn man um anderen Menschen zu helfen sich in Gefahr bringt, nicht von Heroismus, sondern einfach von Anständigkeit gesprochen werden sollte.[15] Auf die Frage, was denn Anständigkeit sei, antwortet der Arzt Dr. Rieux: „Ich weiß nicht, was sie im allgemeinen ist. Aber in meinem Fall, das weiß ich, besteht sie darin, daß ich meinen Beruf ausübe."[16]

---

[13] *A. Camus,* Die Pest (Düsseldorf 1958) S. 200
[14] *A. Camus,* ebda., S. 152
[15] Leider wird in der zitierten Ausgabe der „Pest" das ursprüngliche Wort Honneteté mit Ehrlichkeit übersetzt, während *A. Espiau de La Maestre* für diesen Begriff das Wort Anständigkeit verwendet, das dem Originalausdruck Camus' wesentlich näher kommt.
[16] *A. Camus,* Die Pest, a. a. O., S. 152

Durch seine eingehende Beschäftigung mit dem Tod, sieht sich Camus in zunehmendem Maße mit dem Problem des Tötens konfrontiert. Für ihn ist die Todesstrafe, ohne Rücksicht auf die Schuld des Angeklagten, nichts anderes als gemeiner Mord. Mit Trauer stellt Camus fest, daß die Logik der heutigen Zeit auch Leute, die besser sind als die anderen, dazu bringt, entweder selbst zu töten oder töten zu lassen. So gesehen trägt ein jeder die Pest in sich, daher muß man „alles Nötige machen, um nicht mehr an der Pest zu kranken, nur darin (liegt) eine Hoffnung auf Frieden oder doch wenigstens auf einen guten Tod."[17]

Revolte – Revolution

Camus lehnt das Töten im Dienste der Verwirklichung politischer Ideen ebenfalls ab, er hält auch den, der „im Willen zum Guten" tötet, für einen Mörder. Große Ziele rechtfertigen seiner Meinung nach nicht die oft damit verbundenen Verluste an Menschenleben. Nach eingehender Untersuchung kommt Camus zu der Überzeugung, daß Revolutionen nur einen Herrschaftswechsel bedeuten und somit nicht zur Befreiung des Menschen führen. Er lehnt die Auffassung ab, die dem Glauben an der Revolution zugrunde liegt, wonach die menschliche Natur absolut formbar wäre. Er setzt die Revolte in Gegensatz zur Revolution, und definiert sie als „die Bejahung einer aller Menschen gemeinsamen Natur, die sich der Welt der Macht entzieht".[18] Das Wesen der Revolte liegt in dem immer neu zu vollziehenden Prozeß der Erhebung gegen die sinnlose Wirklichkeit.

In seinem Stück „Die Gerechten" behandelt Camus die Problematik des Tötens im Dienste der Revolution mit dramatischen Mitteln. Ein Revolutionär im zaristischen Ruß-

---

[17] A. *Camus*, ebda., S. 232
[18] A. *Camus*, Der Mensch in der Revolte (Hamburg 1950) S. 254

land ist nicht bereit, den Mordauftrag gegen den Großfürsten auszuführen als er merkt, daß in seiner Kutsche neben ihm seine Frau und die Kinder sitzen. Ein Mitglied der anarchistischen Gruppe macht ihm deswegen heftige Vorwürfe, da nach seiner Meinung alle Bedenken fehl am Platze seien, man müsse der Revolution blind dienen. Er wiederholt die für alle Revolutionen symptomatischen Phrasen: Es ist egal, wie man zum Ziel kommt, ob bei der Beseitigung eines Tyrannen auch andere Unschuldige getötet werden, ob die Revolution erst späteren Generationen die Freiheit bringt, oder die heutige bereits die Abschaffung der Willkürherrschaft erleben kann. Kaliajev erwidert bestürzt: „Hinter Deinen Worten sehe ich eine Gewaltherrschaft aufsteigen, die, wenn sie morgen die Macht ergreift, einen Mörder aus mir macht, während ich versuche, ein Rechtsvollstrecker zu sein".[19] Ihm geht es darum, daß niemand unschuldig getötet werden darf – auch nicht im Namen der Revolution.

Beim zweiten Mal gelingt das Attentat, der Großfürst wird getötet. Kaliajev wird gefangengenommen und zum Tode verurteilt. Ein Gnadengesuch lehnt er ab, er will nicht als Mörder weiterleben. Für ihn ist der Tod die einzige Lösung, obwohl er von der Berechtigung seiner Tat überzeugt ist. Annenkow, der Führer der Gruppe, sieht im Tod Kaliajevs die Garantie für das Leben der folgenden Generationen. Dora, seine Geliebte, ist nicht sicher, ob diese Hoffnung berechtigt ist: „Er wird sterben. Vielleicht ist er schon gestorben, damit die anderen leben ... Und wenn die anderen nicht leben sollten? Wenn er umsonst stürbe?"[20]

„Die Gerechten" zeigt, daß es falsch ist, für eine zukünftige Ordnung das eigene Leben zu opfern. Es ist ungerecht, Menschen zu Märtyrern der Idee der Gerechtigkeit zu erziehen, die dann den Tod wollen müssen, weil sie eben diese

---

[19] A. *Camus*, Dramen (Hamburg 1959) S. 205
[20] A. *Camus*, ebda., S. 205 f

Gesetze überschritten haben, indem sie töteten. Dieses Drama „ist die Verneinung der grausamen Revolutionen, deren Bluttaten keine Geschichtsphilosophie rechtfertigen kann."[21]

Märtyrertum und „die Liebe zum Leben"

Mit den Fragen des Märtyrertodes und der grundsätzlichen Einstellung zum Leben hat sich Camus in seinem Drama „Der Belagerungszustand", das ihm nach seinen eigenen Angaben am nächsten stand, auseinandergesetzt. Im Kampf zwischen Freiheit und Tyrannei steht wiederum die Todesproblematik im Mittelpunkt. In einer spanischen Stadt regiert ein Diktator mit dem bezeichnenden Namen „Pest", in dem er die Angst seiner Mitmenschen ausnützt. Diego, sein Gegenspieler, erkennt dies und verliert dadurch die Angst vor ihm; er wird für den Diktator gefährlich. Der Tyrann benutzt daraufhin die Braut von Diego, Victoria, als Geisel, um Diego zum Verlassen der Stadt zu zwingen. Die Pest schlägt Diego vor, entweder mit Victoria die Stadt zu verlassen und diese ihr zu überlassen oder den Tod Victorias hinzunehmen. Diego lehnt dies ab und ist bereit, selbst anstelle von Victoria zu sterben. Die Pest will ihn überreden, doch Victoria zu wählen, und auf die Bewohner der Stadt zu vergessen. Man könne in dieser Welt nicht glücklich sein, ohne anderen Leid zuzufügen. Diego jedoch antwortet: „Nein. Diese Methode kenne ich. Man muß töten, um den Mord abzuschaffen, Gewalt tun, um das Unrecht zu beseitigen. Seit Jahrhunderten wird das so getrieben."[22]

Diego stirbt und rettet damit Victoria und die ganze Stadt. Camus zweifelt an der Richtigkeit einer solchen Handlungsweise. Seiner Meinung nach ist für jeden Men-

---

[21] *M. Dietrich,* Das moderne Drama (Stuttgart 1961) S. 298
[22] *A. Camus,* Dramen, a. a. O., S. 179

schen das eigene Leben das kostbarste Gut, niemand kann die Verantwortlichkeit für das Leben der anderen übernehmen. Die Freiheit kann nur jeder für sich erringen. Diego stirbt für eine Idee und verrät damit das einzig Faßbare, die Liebe zu Victoria. Das macht ihm Victoria zum Vorwurf, indem sie vor seinem Tod sagt: „Du hättest selbst dem Himmel zum Trotz mich wählen müssen. Du mußtest mich der ganzen Erde vorziehen."[23] Und der Chor der Frauen singt: „Wehe ihm! ... Wenn schon nicht alles gerettet werden kann, lernen wir doch wenigstens das Haus der Liebe zu bewahren! Dann möge die Pest kommen oder der Krieg – wenn ihr an unserer Seite steht, werden wir uns hinter verschlossenen Türen bis zum Ende zu wehren wissen. Dann werdet ihr anstatt dieses einsamen, von Ideen umgaukelten, von Worten genährten Todes den gemeinsamen Tod erfahren ..."[24]

Für Camus gibt es keinerlei Rechtfertigung für das Töten, er lehnt aber auch das Märtyrertum ab, weil es das Leben mißachtet. Der absurde Mensch sollte zwischen diesen beiden Extremen im Bewußtsein des Absurden, in Achtung vor dem Leben bestehen.

Jean-Paul Sartre: Der Tod als Nichtung der Existenz

Sartre beschäftigte sich in seinem im Jahr 1943 erschienenen Werk „Das Sein und das Nichts" ausführlich mit dem Tod. Seinen Ausgangspunkt bildet die Kritik an Heidegger. Sartre bestreitet, daß der Tod die eigene Möglichkeit des Dasein wäre, daß somit das Sein der menschlichen Realität als „Sein zum Tode" bestimmt werden könnte. Heideggers große Leistung bestand in der Hereinnahme des Todes in die menschliche Existenz: Insofern Dasein sein Sichentwer-

---

[23] A. *Camus*, ebda., S. 184
[24] A. *Camus*, ebda., S. 185

fen auf den Tod hin beschließt, realisiert es die Freiheit-zu-Sterben und konstituiert sich selbst durch die freie Wahl der Endlichkeit als Ganzheit. Sartre will diese Position nicht teilen, wie er auch die Heideggersche „Entschlossenheit" angesichts des Todes als eine gedankliche Fehlkonstruktion ansieht. Seiner Meinung nach kann der Mensch zwar einen besonderen Tod, nicht aber den Tod schlechthin erwarten. Sartre spricht in diesem Zusammenhang von einem „Taschenspielerstückchen", das seiner Meinung nach darin besteht, daß Heidegger zunächst den Tod des einzelnen individualisiert, um dann das „Dasein", das vorher dem Tod eben diese Individualität verliehen hat, nun selbst zu individualisieren. Außerdem kann nach Sartre der Tod in keiner Weise erwartet werden, vielmehr gelte es: „daß man nur in geistiger Blindheit oder in Unwahrhaftigkeit auf einen Alterstod warten kann. Wir haben nämlich alle Aussichten, zu sterben, bevor wir unsere Aufgabe erfüllt haben, oder sie im Gegenteil zu überleben".[25]

Der Tod als Zufall – wie Sartre formuliert – kann nicht meine Möglichkeit sein, sondern eine jederzeit mögliche Nichtung meiner Möglichkeiten, die außerhalb meiner Möglichkeiten liegt. Daraus folgt: „So ist der Tod niemals das, was dem Leben seinen Sinn verleiht: er ist im Gegenteil das, was ihm grundsätzlich jede Bedeutung nimmt."[26] Daraus folgt, daß es nicht möglich ist, die Existenz auf den Tod hin als auf eine meiner Möglichkeiten zu entwerfen. Für Sartre steht fest: „Der Tod ist, ebenso wie die Geburt, ein reines Faktum; er kommt von Draußen und verwandelt uns in Draußen. Im Grunde genommen unterscheidet er sich in keiner Weise von der Geburt und die Identität von Geburt und Tod ist das, was wir Geworfenheit nennen."[27]

Der Tod ist eine Grenzsituation, er kann von mir nicht

---

[25] *J. P. Sartre*, Das Sein und das Nichts (Hamburg 1962) S. 676
[26] *J. P. Sartre*, ebda., S. 680
[27] *J. P. Sartre*, ebda., S. 687

erwartet, beeinflußt werden, ich kann meine Existenz nicht auf den Tod hin entwerfen. Sartre sieht jedoch die menschliche Freiheit durch diese Feststellung nicht aufgehoben. „Die Freiheit, die meine Freiheit ist, bleibt ganz und unendlich; nicht daß der Tod sie nicht begrenze, sondern weil die Freiheit niemals auf diese Grenze trifft, ist der Tod durchaus kein Hindernis für meine Entwürfe; er ist bloß ein Schicksal, anderswo als diese Entwürfe. Ich bin nicht ‚frei um des Sterbens Willen'; sondern ich bin ein freier Sterblicher".[28]

Der Tod und der Andere

Bei Jaspers tritt der Tod in das Leben des Existierenden durch den Verlust des Anderen hinein. Auch Sartre beschäftigt sich mit dieser Beziehung, allerdings auf völlig veränderter Grundlage. Steht im Mittelpunkt bei Jaspers angesichts der Einsamkeit des Existierenden die Schwierigkeit der existentiellen Kommunikation mit dem Anderen, so beschäftigt Sartre der ständige Kampf mit dem Anderen. Die Freiheit des Ich drängt auf die Verletzung und Vernichtung der Freiheit des Anderen. Sartre begreift die menschlichen Beziehungen als eine ständige wechselseitige Unterwerfung: „Der Andere – das ist der Verborgene Tod meiner Möglichkeit".

Die Beziehung zu Toten – zu allen Toten – ist nach Sartre eine Wesensstruktur der grundlegenden Beziehung, die er „Für-Andere-Sein" nennt: „Das Kennzeichen eines toten Lebens ist, daß es ein Leben ist, zu dessen Wächter der Andere sich macht."[29] Das tote Leben erhält durch die Erinnerung der Angehörigen ein besonderes Schicksal, das die Anderen durch ihre Erinnerung diesem verleihen, ebenso

---

[28] *J. P. Sartre*, ebda., S. 689
[29] *J. P. Sartre*, ebda., S. 682

wie das „in Vergessenheit geratene Leben" auch ein spezifisches Schicksal darstellt, das gewissen Leben von Anderen her zukommt. Wie von den möglichen menschlichen Beziehungen bei Sartre immer die negativen zum Vorschein kommen, so wird auch der Tod vom Vernichtungskampf mit dem Anderen geprägt. Nach Sartre entfremdet uns die Existenz des Todes schon in unserem eigenen Leben ganz und gar zugunsten Anderer: „Tot sein heißt, den Lebenden eine Beute sein. Das bedeutet also, daß derjenige, der den Sinn seines zukünftigen Todes zu erfassen versucht, sich als künftige Beute der Anderen entdecken muß."[30]

Der Tod setzt keinen Endpunkt dem „zweifelhaften Kampfe" mit dem Anderen: „Sterben (ist) gleichbedeutend mit Verurteiltwerden, ..., man wird verurteilt, nur noch durch den Anderen zu existieren und nur von ihm seinen Sinn ... zu bekommen."[31]

Der Existentialismus als Ideologie

Sartres Philosophieren war, abgesehen von den Jugendjahren, durch die ständige Auseinandersetzung mit dem Marxismus gekennzeichnet. Die noch 1943 von ihm beanspruchte Eigenständigkeit des Existentialismus hat er bereits Ende der 40er Jahre aufgegeben. Er selbst nennt den Existentialismus eine Ideologie: „denn er ist ein parasitäres System, das am Saum des Wissens (gemeint ist der Marxismus) lebt, dem er sich ursprünglich entgegenstellte, dem er sich aber heute einzugliedern versucht."[32] „Die vorläufige Selbständigkeit" des Existentialismus kann nur solange bestehen bleiben, bis der Marxismus den wirklichen Menschen in der gegebenen Situation nicht untersucht, ihn vielmehr in der Idee aufgehen läßt.

---

[30] *J. P. Sartre*, ebda., S. 684   [31] *J. P. Sartre*, ebda., S. 685
[32] *J. P. Sartre*, Marxismus und Existentialismus (Hamburg 1964) S. 10

Diese Hilfsdienste für die „Philosophie unseres Jahrhunderts" – wie er den Marxismus nennt – sind in den existentiellen Bereichen des Menschen notwendig. Akzeptiert man die Position Sartres, so kann eine eingehende Befassung mit der zentralen Gegebenheit allen menschlichen Lebens, mit dem Tod, erwartet werden. Dies um so mehr, als nicht nur Marx, sondern auch seine Schüler mit dem Phänomen Tod nichts anzufangen wußten.[33]

Wie sehr der Tod aus der Sicht des Marxismus als irdische Heilslehre ein Ärgernis ist, dem nur dadurch begegnet werden kann, daß dieses Phänomen nicht zum Gegenstand des Philosophierens gemacht wird, geht u. a. aus dem Versuch Iring Fetschers aus dem Jahre 1975 hervor, über den Tod „im Lichte des Marxismus" zu referieren. Auf über 30 Seiten hat Fetscher in diesem Zusammenhang nur einige Verse von Brecht zu bieten, die bekanntlich nicht zu seinen besten gehören.[34]

Sartre ist es tatsächlich gelungen, von der Unfähigkeit des Marxismus, sich mit den Gegebenheiten des menschlichen Lebens, insbesondere mit dem Tod, ernsthaft auseinanderzusetzen, abzulenken. Mit der Aufgabe des Existentialismus als eine eigenständige Philosophie, seine Degradierung zu einem „außerhalb des Wissens" (des Marxschen Wissens) geratenen Systemfragment schwindet jedoch auch die Aussagekraft Sartres. Betrachtet er noch im Jahre 1943 in „Das Sein und das Nichts" und in seinem Drama „Die Fliegen" die Phänomene Tod, Sterben, Töten und Mord aus der Sicht des nach der existentiellen Freiheit strebenden Indivi-

---

[33] In den voluminösen Marxwerken findet sich lediglich eine – nichtssagende – Stelle über den Tod: „Der Tod scheint als ein harter Sieg der Gattung über das bestimmte Individuum und ihrer Einheit zu widersprechen; aber das bestimmte Individuum ist nur ein bestimmtes Gattungswesen, als solches sterblich." *(Karl Marx,* Frühschriften, Hrsg.: *Siegfried Landshut,* Stuttgart 1971, S. 239)

[34] *Iring Fetscher,* Der Tod im Lichte des Marxismus, in Grenzerfahrung Tod, herausgegeben von *Ansgar Paus* (Frankfurt 1980) S. 283 ff

duums, so läßt er in den späteren Jahren gerade die einzelmenschlichen Aspekte im Dienste der Idee fallen – obwohl er gerade dies früher dem Marxismus zum Vorwurf gemacht hatte.

Sartre erliegt dem marxistischen Geschichtsdeterminismus. „Was der Revolutionär beansprucht, ist, dem Menschen die Möglichkeit zu geben, sein ihm eigenes Gesetz zu erfinden. Dies ist die Grundlage seines Humanismus und seines Sozialismus ... Und in diesem Sinn ist diese hemmnisreiche und langsame Eroberung des Sozialismus nichts anderes als die Bestätigung in und durch die Geschichte."[35] Die Freiheit und der Humanismus beinhalten demnach, im Sinne der Geschichtsentwicklung, die blutigen Revolutionen, den Terror, die Ermordung von Millionen – falls nur alles im Geist der sozialistischen Heilslehre geschieht. An diesem Punkt ist der Gegensatz zu Camus offenkundig geworden. Der ehemalige Freund, Camus, widersprach dieser Auffassung energisch, und wies darauf hin, daß die Tötung und Ermordung von Menschen auch im Dienste einer angeblich fortschrittlichen Idee nicht hingenommen werden können. Diese Kritik bezeichnete Sartre einfach als „objektiv reaktionär". Der Tod des einzelnen interessiert den Philosophen Sartre nicht mehr, ihm geht es nur noch um den Sieg der sozialistischen Revolution, wobei seine Sympathien nicht dem Mordopfer, sondern dem Henker gehören. In den 50er Jahren plädierte Sartre ausdrücklich für den Stalinismus und hieß sogar die Todesurteile gegen Regimegegner gut. Im Vietnamkrieg warf er der Sowjetunion vor, den Dritten Weltkrieg nicht riskiert zu haben. Sartre war bereit, die Massenvernichtung hinzunehmen, wenn sie nur der Weltrevolution zum Endsieg verholfen hätte.

---

[35] *J. P. Sartre,* Materialismus und Revolution, in: *ders.,* Drei Essays (Frankfurt a. M. 1972) S. 105

Die terroristische Tat

Die große proletarische Revolution ließ auf sich warten. Sartre, von den westeuropäischen kommunistischen Parteien wegen ihrer Bestrebungen auf demokratischem Weg die Macht zu erkämpfen enttäuscht, wendete sich immer mehr dem Terrorismus zu. Er trat für Aktionen der „richtigen" Mehrheit ein, er sprach sich für die „direkte Demokratie" aus, und verstand darunter das gewaltsame Blockieren des staatlichen Lebens durch terroristische Gruppen. „Diese Leute haben keine Angst davor die Legalität zu brechen, und sie haben recht, sonst würden sie nichts erreichen."[36] – stellte Sartre fest.

Die Theorie der Freiheit wich der Theorie des Terrors, Gewalt wird als Verbindung zwischen frei handelnden Subjekten definiert. Sein spektakulärer Besuch bei Andreas Baader im Gefängnis war nicht eine Farce, nicht ein Ergebnis bewußter Irreführung – wie manche Kommentatoren behauptet haben – sondern die praktische Konsequenz seiner ideologischen Entwicklung. In einem seiner letzten Interviews bekannte er: „Ich glaube an die Illegalität."[37]

Die Ansätze zu dieser Entwicklung waren bereits in seinem Werk „Kritik der dialektischen Vernunft" aus dem Jahr 1960 klar erkennbar. Über die Rolle der Gewalt in revolutionären Gruppierungen referierend kritisiert er den von „reaktionären Autoren" konstruierten Widerspruch zwischen Hoffnung und Terror. „Es gibt keinen anderen als nur einen dialektischen Widerspruch in diesen ... Wesenszügen: Hoffnung und Terror, souveräne Freiheit in jedem und Gewalt gegen den Anderen außerhalb der Gruppe und in ihr ... und diese angeblich unvereinbaren Wesenszüge sind ... in der unbedeutendsten Verhaltensweise oder der geringsten Erklärung der revolutionären Demonstranten

---

[36] Le Nouvel Observateur, 10. März 1980
[37] Le Nouvel Observateur, 10. März 1980

synthetisch und unlöslich vereinigt".[38] Sartre betont, daß diese permanente Gewalt benötigt wird, um die revolutionäre Gruppe ständig zu reorganisieren. Es ist für ihn selbstverständlich, daß diese Gewalt bis „zur Niedermetzlung einiger ihrer eigenen Mitglieder geht". Mord und Gewalt werden sogar zu Determinanten der Freiheit: „Der Terror, ... ist die Gewalt der gemeinsamen Freiheit gegen die Notwendigkeit, insofern diese nur durch die Entfremdung irgendeiner Freiheit existiert."[39] Die Ermordung des Gegners oder des eigenen Kameraden wird nicht nur im Dienste der Revolution, sondern auch zur Verwirklichung der Freiheit der terroristischen Gruppe akzeptiert.

Die Existenzphilosophie wurde von ihren Anfängen bei Kierkegaard über Jaspers und Heidegger bis zum sog. „christlichen Existentialisten" Marcel als ein Bindeglied in einer Gesamtphilosophie, die den Menschen mit all seinen Aufgaben und Schwierigkeiten in den Mittelpunkt stellt, aufgefaßt. Jaspers und Heidegger ließen die Existenzphilosophie in einem größeren System aufgehen, während Marcel sie in der Gotteserfahrung abschloß. Die atheistischen Existentialisten traten mit dem Anspruch auf, die Existenzphilosophie zu einem geschlossenen System umzubauen. Camus, dem dies nicht gelang, blieb seinem Vorhaben bis zum Tode treu. Sartre, der 1943 schon glaubte, eine vollausgebildete, eigenständige Philosophie entwickelt zu haben, begab sich bald darauf in ein Nahverhältnis zum Marxismus. Das Ergebnis dieser „Rückentwicklung" ist betrüblich.

Sartre ist an der Absurdität der Ideologien gescheitert: Der verabsolutierte, von der Transzendenz losgelöste Humanismus führt in die Sackgasse einer inhumanen Theorie – und Praxis. Dem Scheitern des Ideologen fehlt jedoch der Glanz des Heroischen – insofern kann Sartre auch als eine tragische Gestalt begriffen werden.

---

[38] *J. P. Sartre,* Kritik der dialektischen Vernunft (Hamburg 1967) S. 433
[39] *J. P. Sartre,* ebda., S. 485

Literaturhinweise

A. Auer / H. Menzel / A. Eser, Zwischen Heilauftrag und Sterbehilfe (Köln – Berlin – Bonn 1977)

P. Becker / A. Reiner, Beobachtungen und Hilfen am Sterbebett aus ärztlicher und seelsorglicher Sicht. Schriftenreihe Erfahrungsheilkunde Bd. 28 (Heidelberg 1979)

F. Biestek, Wesen und Grundsätze der helfenden Beziehung in der sozialen Einzelhilfe (Freiburg i. Br.)

H. Blaha / P. Gutjahr-Löser / E. Niebler (Hrsg.), Schutz des Lebens – Recht auf Tod (München – Wien 1978)

F. Böckle, Menschenwürdig sterben (Zürich – Einsiedeln – Köln 1979)

W. Böhme (Hrsg.), Wie entsteht Geist? Herrenalber Texte 23 (Karlsruhe 1980)

R. Breuer, Das anthropische Prinzip (Wien 1981)

Christlicher Glaube in moderner Gesellschaft. Eine enzyklopädische Bibliothek in 37 Teilbänden, hg. von *F. Böckle u. a.:* Teilband 10 (Freiburg i. Br. 1980)

H. v. Ditfurth, Wir sind nicht nur von dieser Welt (Hamburg 1981)

J. C. Eccles, Wahrheit und Wirklichkeit. Mensch u. Wissenschaft (Heidelberg – Berlin – New York 1975)

J. C. Eccles, The Human Mystery (Berlin – Heidelberg – New York 1979)

U. Eibach, Recht auf Leben, Recht auf Sterben (Wuppertal 1974)

U. Eibach, Medizin und Menschenwürde (Wuppertal 1976)

V. Eid / R. Frey, Sterbehilfe oder Wie weit reicht die ärztliche Behandlungspflicht? (Mainz 1978)

M. Eigen, Schicksal? Grenzen der Machbarkeit. Ein Symposion. DTV 1236

D. v. Engelhardt / H. Schipperges, Die inneren Verbindungen zwischen Philosophie und Medizin im 20. Jahrhundert (Darmstadt 1980)

E. A. Herzig (Hrsg.), Betreuung Sterbender (Basel ²1979)

H. D. Hiersche, Euthanasie. Probleme der Sterbehilfe (München – Zürich 1975)

K. Hock, Der Heimgang. Erfahrung eines Sterbens (Freiburg i. Br. 1983)

W. Höfer (Hrsg.), Leben müssen – sterben dürfen (Bergisch-Gladbach 1977)

Literaturhinweise

W. Chr. Hufeland, Die Kunst, das menschliche Leben zu verlängern. Makrobiotik. 1796/1823. Hrsg. von *K. E. Rothschuh* (Stuttgart 1976)

J. Illies, Schöpfung oder Evolution. Ein Naturwissenschaftler zur Menschwerdung. Texte und Thesen 121 (Zürich 1979)

Im Angesicht des Todes leben. Quellenband 6 der Enzyklopädie „Christlicher Glaube in moderner Gesellschaft" (Freiburg i. Br. 1983)

R. Kautzky, Sterben im Krankenhaus. Aufzeichnungen über einen Tod. Herderbücherei Bd. 561 (Freiburg i. Br. 1976)

E. Kübler-Ross, Interviews mit Sterbenden (Gütersloh 1971)

E. Kübler-Ross, Reifwerden zum Tode (Stuttgart 1978)

P. Lüth, Der Mensch ist kein Zufall. Umrisse einer modernen Anthropologie (Stuttgart 1981)

J.-E. Meyer (Hrsg.), Die Situation des chronisch Kranken und des Sterbenden. Reihe „Das ärztliche Gespräch", 24 Medizin (Köln 1976)

J.-E. Meyer, Todesangst und das Todesbewußtsein der Gegenwart (Berlin – Heidelberg – New York 1979)

J. Monod, Zufall und Notwendigkeit (München 1971)

R. A. Moody, Leben nach dem Tod (Reinbek 1977)

G. Osche, Evolution (Freiburg ^{10}1979)

A. Paus (Hrsg.), Grenzerfahrung Tod (Frankfurt 1978)

B. Rensch, Gesetzlichkeit, psychophysischer Zusammenhang, Willensfreiheit und Ethik (Berlin 1979)

H. Schipperges, Kosmos Anthropos (Stuttgart 1981)

J. Schwartländer (Hrsg.), Der Mensch und sein Tod. Kleine Vandenhoeck-Reihe 1426 (Göttingen 1976)

P. Sporken (Hg.), Was Sterbende brauchen (Freiburg i. Br. ^{2}1983)

P. Teilhard de Chardin, Die Entstehung des Menschen (München 1963)

A. Unsöld, Evolution kosmischer, biologischer und geistiger Strukturen (Stuttgart 1981)

G. Vollmer, Evolutionäre Erkenntnistheorie (Stuttgart 1975)

G. Vollmer, in: *W. Böhme* (Hrsg.), Wie entsteht Geist? Herrenalber Texte 23 (Karlsruhe 1980)

C. F. v. Weizsäcker, Die Einheit der Natur (München 1971)

E. Wiesenhütter, Blick nach drüben. Selbsterfahrung im Sterben (Bielefeld 1974)

Die Autoren

Stefan Graf Bethlen, Leiter der Akademie für Politik und Zeitgeschehen der Hanns-Seidel-Stiftung e. V.

Prof. Dr. Dr. Eugen Biser, Vorstand des Seminars für Christliche Weltanschauung und Religionsphilosophie der Ludwig-Maximilians-Universität München

Prof. Dr. Horst Bürkle, Vorstand des Instituts für Missions- und Religionswissenschaften der Ludwig-Maximilians-Universität München

Christa Gebel, Referentin für Information und Gesundheit, Landesverband der Ortskrankenkassen in Bayern

Theodor Glaser, Oberkirchenrat der Evangelisch-Lutherischen Landeskirche in Bayern, Stellvertreter des Landesbischofs

Augustinus H. Graf Henckel-Donnersmarck O. Praem., Leiter der Katholischen Arbeitsstelle Rhein/Ruhr Essen

Prof. Dr. Hans Kuhlendahl, ehemaliger Direktor der Neurochirurgischen Universitätsklinik Düsseldorf

Prof. Dr. Max Müller, ehem. Vorstand des philosophischen Instituts der Ludwig-Maximilians-Universität München, Honorarprofessor für Philosophie an der Katholisch-Theologischen Fakultät der Albert-Ludwigs-Universität Freiburg/Breisgau

Prof. Dr. Christoph von Schönborn O. P., Direktor des Instituts für Dogmatik der Universität Fribourg/Schweiz, Mitglied der Internationalen Theologenkommission

Kurt Hock
Die Heimkehr
Erfahrung eines Sterbens

Der Sohn hilft dem todkranken Vater, in Würde zu sterben: der betroffene Bericht eines Mitleidenden. Ein Buch der Hoffnung, das von der Erfahrung erzählt, wie über Leben, Krankheit und Tod hinaus, Wege des Verstehens begehbar sind. Ein Thema, das alle angeht.

ca. 128 Seiten, kartoniert.
ISBN 3-451-19887-8

Was Sterbende brauchen
Herausgegeben von Paul Sporken

„Allen, die sich dem Sterbebeistand, dem Prüfstein wahrer Menschlichkeit, stellen wollen, bietet dieses Buch wertvolle Hinweise und Anregungen."

Deutsche Krankenpflegezeitschrift

2. Auflage.
128 Seiten, kartoniert.
ISBN 3-451-19618-2

Verlag Herder Freiburg · Basel · Wien